KB112139

SAP Fiori & OData

Full Stack Guide

SAP Fiori & OData Full Stack Guide

발행일	2022년 6월 8일

지은이	유균		
펴낸이	손형국		
펴낸곳	(주)북랩		
편집인	선일영	편집	정두철, 배진용, 김현아, 박준, 장하영
디자인	이현수, 김민하, 김영주, 안유경, 최성경	제작	박기성, 황동현, 구성우, 권태련
마케팅	김회란, 박진관		
출판등록	2004. 12. 1(제2012-000051호)		
주소	서울특별시 금천구 가산디지털 1로 168, 우림라이온스밸리 B동 B113~114호, C동 B101호		
홈페이지	www.book.co.kr		
전화번호	(02)2026-5777	팩스	(02)2026-5747

ISBN	979-11-6836-327-4 03000 (종이책)	979-11-6836-328-1 05000 (전자책)

(주)북랩 성공출판의 파트너

북랩 홈페이지와 패밀리 사이트에서 다양한 출판 솔루션을 만나 보세요!

홈페이지 book.co.kr • **블로그** blog.naver.com/essaybook • **출판문의** book@book.co.kr

작가 연락처 문의 ▸ ask.book.co.kr

작가 연락처는 개인정보이므로 북랩에서 알려드릴 수 없습니다.

SAP Fiori와 OData를 다룬 국내 최초 가이드북

SAP Fiori & OData
Full Stack Guide

유균 지음

북랩

머리말

　시스템 구축 프로젝트가 종료될 때쯤이면 다음 운영자에게 인수인계를 하게 됩니다. SAP Fiori가 아직 도입 초기인 만큼 전 항상 Fiori를 처음 접하는 사람들에게 인수인계를 해주곤 했습니다. 그때 인수인계 대상자 중에는 ABAP 개발자도 있었고 웹 개발자도 있었습니다. 각자 자기 영역에서는 풍부한 경험과 지식을 가지고 계신 분들이셨지만 Front-End 개발 언어인 SAPUI5와 Back-End 개발 언어인 ABAP에 대한 지식을 모두 습득하기란 쉽지 않아 보였습니다. 게다가 SAP Fiori Launchpad 등 세팅 관련 내용까지 말씀드리기 시작하면 내용을 전달하는 저로서도 죄송한 마음이 들 정도였습니다.

　우리나라에서는 아직 SAP Fiori가 도입 초기이다 보니 레퍼런스가 부족한 이유가 가장 큽니다. 구글링을 하더라도 SAP Fiori 관련 자료는 찾아보기 쉽지 않습니다. 한글로 된 자료는 그나마 최근 1~2년 사이에 작성된 블로그 글들이 가끔 보이는 정도입니다. SAP Fiori란 게 무엇이고 어떻게 사용하는 건지에 대한 전반적인 내용을 다루는 한글 자료는 아직 접해보지 못했습니다. 부족한 실력이지만 지금까지 제가 알아낸 것들을 정리하고 공유해야겠다는 생각을 하게 된 이유입니다. 그렇게 하나씩 내용을 정리하고 추가하다 보니 제법 페이지가 많아지게 됐고 책으로까지 출판하게 되었습니다.

　이 책은 2~3년차 이상 ABAP 개발자를 대상으로 작성한 Fiori App과 OData Modeling full stack 가이드입니다. 웹 개발자가 ABAP을 배우는 것이 나은지, ABAP 개발자가 SAPUI5를 배우는 것이 나은지를 고민해보고 상대적으로 ABAP 개발자가 SAPUI5를 배우는 것이 더 낫겠다는 생각을 했기 때문입니다. 그렇지만 이 책에서 SAPUI5의 기본 문법을 모두 설명하고 있지는 않습니다. 그러기엔 책의 내용이 너무 많아지는 이유도 있고, SAP에서 정말 높은 수준의 SAPUI5 프로그래밍 학습 콘텐츠를 제공하고 있기 때문입니다. SAPUI5 프로그래밍에 대한 기본적인 문법과 사용 방법은 SAP에서 제공하는 SAPUI5 Walkthrough를 통해 먼저 학습하시기 바랍니다.

　(https://sapui5.hana.ondemand.com)

SAP Fiori를 학습할 때 SAP 시스템 버전을 꼭 알아야 합니다. SAP 시스템 버전에 따라 Fiori 버전(SAPUI5 버전 포함)이 달라지기 때문에 사용할 수 있는 기능과 문법에 큰 차이가 있기 때문입니다. 이 문서에서 사용한 SAP_BASIS는 752 SP 0006입니다. 포함된 UX Software Component는 SAP_UI 754 SP 0005이어서 SAP Fiori 3.0(SAPUI5 1.71.4)을 사용하였습니다.

SAP GUI는 영어, 크롬 브라우저는 한국어를 기준으로 구성하였고, Fiori App 개발 Tool은 SAP Web IDE Trial Personal Edition을 사용했습니다.

SAP Fiori 프로젝트를 하다 보면 Front-End 개발자와 Back-End 개발자를 분리하여 조직을 구성하는 경우를 볼 수 있습니다. Front-End와 Back-End의 기술이 여러 개여서 프로젝트마다 다른 조합이 적용될 수 있는 레거시 시스템의 경우는 둘을 분리하는 게 맞을 수 있겠지만, SAP Fiori는 Front-End와 Back-End의 기술이 확정되어 있기 때문에 개발자를 분리하는 것이 더 비효율적일 수 있습니다. 개발자 혼자 SAPUI5와 ABAP, Launchpad 세팅까지 하기에 다소 벅차 보일 수 있겠지만 제가 해보니 꼭 그렇지만은 않습니다. 시작은 어렵겠지만 일단 시작하고 나면 눈덩이가 언덕을 굴러 내려오듯이 엄청난 양의 지식이 다 자기 것으로 되어 있을 것입니다. 이 책을 통해 그 시작이 조금이나마 쉬워졌으면 하는 바람입니다.

2022년 6월
유균

일러두기 ⬉

🔊 기존 ABAP 개발자를 대상으로 작성한 Fiori App과 OData Modeling full stack 가이드 문서입니다.

🔊 SAPUI5 프로그래밍에 대한 기본적인 문법과 사용 방법은 SAP에서 제공하는 SAPUI5 Walkthrough를 통해 먼저 학습하시기 바랍니다.

URL: https://sapui5.hana.ondemand.com

🔊 이 책은 실무적으로 적용이 가능한 개발 Template 교육을 목적으로 합니다.

🔊 OData Modeling을 하는 몇 가지 방식 중 SAP Gateway Service Builder(T-code: SEGW)에서 Gateway Project를 생성하고 이를 기반으로 OData Service를 생성하는 방식을 설명합니다.

🔊 SAP GUI는 영어, 크롬 브라우저는 한국어를 기준으로 구성하였습니다.

🔊 이 문서에서 사용된 SAPUI5 버전은 1.71.x이고 Fiori App 개발 Tool은 SAP Web IDE Trial Personal Edition을 사용했습니다. 꼭 1.71x 버전이 아니더라도 1.52.x보다 상위 버전의 SAPUI5를 사용 시 이 문서의 모든 코드들은 정상 동작합니다.

🔊 SAP Netwaver는 SAP_BASIS 752 SP 0006을 사용했습니다.

Component	Release	SP-Level	Support Package	Description
SAP_BASIS	752	0006	SAPK-75206INSAPBASIS	SAP Basis Component
SAP_UI	754	0005	SAPK-75405INSAPUI	User Interface Technology

목차

Q PART I

사전준비

Q PART II

Fiori App

SAP Fiori & OData

full stack guide

PART I

사전준비

PART I

PART II

PART III

PART IV

PART V

PART VI

PART VII

다음은 SAP 공식 사이트(https://www.sap.com/products/fiori.html)에 게시된 SAP Fiori에 대한 정의입니다.

"SAP Fiori는 모든 기기와 사용자를 위한 현대적인 사용자 경험으로, 디자이너와 개발자에게 모든 플랫폼에서 일관성 있고 혁신적인 경험을 제공하는 앱을 개발할 수 있는 일련의 툴과 가이드라인을 제공합니다."

처음 SAP Fiori를 접하게 되면 S/4HANA, SAPUI5, OData, Launchpad, Gateway Project 등의 용어들과 함께 SAP Fiori가 무엇인가에 대한 혼란을 겪게 됩니다. 그러면서 우리가 이전까지 알고 있던 개념들 중 하나에 맞추어 이해하려고 하게 됩니다. 예를 들어 "SAP Fiori는 SAP에서 새로 나온 웹 개발 언어"와 같습니다. SAP의 기존 웹 페이지 개발 방식이었던 BSP(Business server page), Webdyn pro, Web UI들의 다음 버전 정도로 말입니다. 하지만 이는 SAP Fiori의 여러 관점 중 개발자가 바라보는 아주 일부만을 이야기하는 것입니다. 혹은 "SAP Fiori는 SAP에서 새로 나온 웹 플랫폼"과 같이 이해하려 할 수도 있습니다. SAP Enterprise portal과 비슷하게 바라보는 것이죠. 이것도 Fiori를 사용자 관점에서만 바라보고 이해하려 하는 것입니다.

제 나름대로 정의해보자면 SAP Fiori는 개발자와 디자이너, 사용자 모두에게 소비되는 개발 언어와 툴, 가이드라인, 플랫폼의 통합 환경이라고 이해해볼 수 있겠습니다.

다음은 https://help.sap.com/에 나오는 SAP Fiori Architecture입니다.

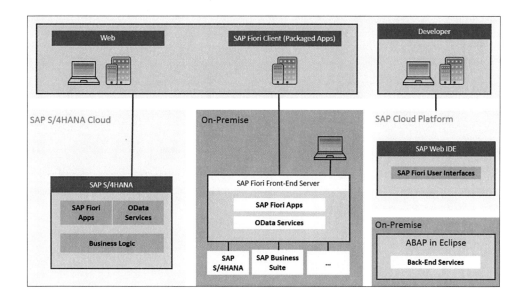

　다소 복잡해 보일 수 있으나 이 책을 모두 읽고 난 후 다시 이 구조도를 보면 쉽게 이해가 갈 것입니다. 여기서는 On-Premise나 Cloud로 SAP Fiori Front-End Server(FES)가 있고 이 FES 안에 SAP Fiori App들과 OData Service가 있다는 것, 사용자는 Web을 통해 이 FES 서버와 통신함으로써 비즈니스 프로세스에 접근한다는 것 정도만 알면 될 것 같습니다. Fiori App을 개발하기 위한 개발 툴로 SAP WebIDE와 Eclipse가 사용된다는 점과 함께 말입니다.

　SAP Fiori는 2013년도에 처음 출시되어 현재 SAP Fiori 3.0이 출시되어 있습니다. 아래는 SAP 공식 블로그인 https://blogs.sap.com/에 게시된 SAP Fiori 변화 단계입니다.

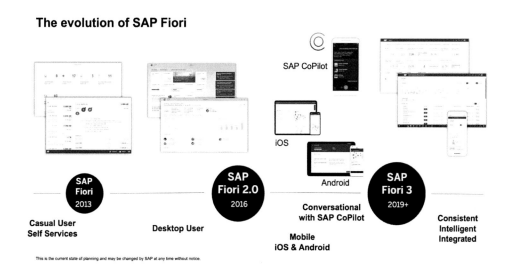

The evolution of SAP Fiori

Fiori 3.0으로 들어서면서 기본으로 제공되는 Standard Fiori App들은 더 많아지고 강력해졌으며 Machine learning을 포함한 데이터 분석 기능이 강화되었습니다.

신규 Fiori Launchpad 테마인 SAP Quartz Light

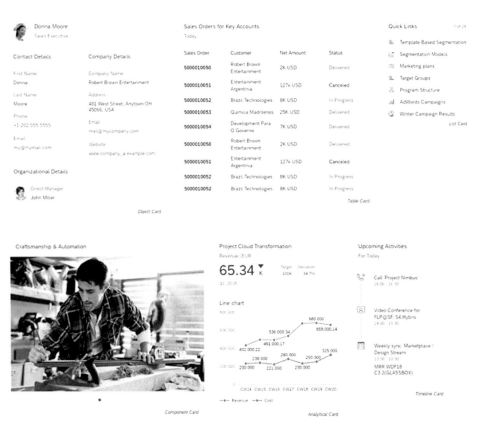

Card Explore를 통해 관리될 수 있는 Card Control

OData Model에 대한 이해

다음은 OData 공식 사이트(https://www.odata.org)에 게시된 OData에 대한 정의입니다. OData는 Microsoft에서 2007년부터 사용되기 시작한 이후 여러 기업들이 참여하고 있습니다.

"**OData(Open Data Protocol)는 ISO/IEC 승인 OASIS 표준으로 RESTful API를 구축하고 사용하기 위한 모범 사례 집합을 정의합니다. OData는 요청 및 응답 헤더, 상태 코드, HTTP 메서드, URL 규칙, 미디어 유형, 페이로드 형식, 쿼리 옵션 등을 정의하는 다양한 접근 방식에 대해 걱정할 필요 없이 RESTful API를 구축하면서 비즈니스 로직에 집중할 수 있도록 도와줍니다. 변경 사항 추적, 재사용 가능한 절차에 대한 기능/동작 정의, 비동기/일괄 요청 보내기에 대한 지침.**"

정리하면 RESTful API를 구축하기 위해 사용되는 한 방식이라고 보면 될 것 같습니다. RESTful API 구축이 아닌 비즈니스 로직에 집중할 수 있게 도와준다는 말이 참 듣기 좋습니다. OData 규칙에 맞게 비즈니스 로직만 만들어놓으면 이를 RESTful API로 쉽게 서비스할 수 있다는 말이 됩니다.

SAP는 Gateway Service Builder란 툴을 제공함으로써 OData Service를 SAP GUI 환경에서 쉽게 생성할 수 있게 하였습니다. 다음은 https://blogs.sap.com/에 게시된 OData Architecture입니다. SAPUI5로 만들어진 Application이 HTTP Request를 통해 OData를 호출함으로써 SAP 시스템 내부 자원에 접근할 수 있습니다.

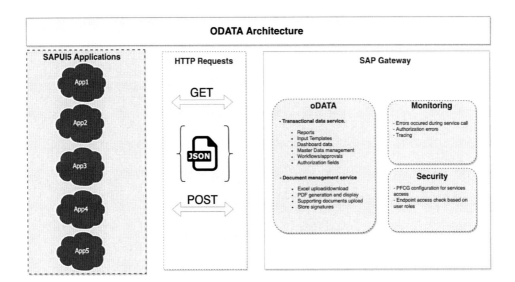

SAPUI5에 대한 이해

SAPUI5와 Fiori에 대한 구분이 모호하게 느껴지는 경우가 있습니다. SAPUI5 Application과 Fiori App이 어떻게 다를까요? 단순하게 이야기하자면 SAPUI5란 개발 Framework로 만들어진 웹 Application이 SAPUI5 Application이고 이러한 Application들 중 Fiori Architecture에 부합하게 개발된 Application이 SAPUI5로 만든 Fiori App입니다. Fiori App은 여러 방식으로 만들 수 있는데 그중 한 방식이 SAPUI5를 사용하여 개발하는 것입니다.

SAPUI5는 SAP에서 2010년 출시한 MVC패턴 Framework로 HTML5와 CSS3를 지원합니다.

개발자들을 위한 SDK(https://sapui5.hana.ondemand.com/)를 통해 SAPUI5 Framework에 대한 모든 정보와 API, Sample, Demo App들에 접근할 수 있습니다.

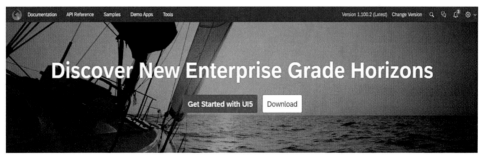

SAPUI5는 수시로 버전이 업데이트되고 있습니다. 2022년 4월 현재 1.100.x 버전이 출시되어 있으나 거의 매달 마이너 업데이트가 진행되고 있을 정도로 SAP에서는 SAPUI5에 정성을 들이고 있습니다. 제가 처음 SAPUI5를 접했을 때가 1.2x 버전이었는데 그때가 Hello World였다면 지금은 알파고 수준인 것 같습니다. 링크 https://tools.hana.ondemand.com/#sapui5를 통해서 SAPUI5 모든 버전에 대한 접근이 가능합니다. 개발자는 필요한 버전을 다운받아서 개발 툴에 적용할 수 있는데, 이때는 꼭 LTS(Long Term Support) 버전을 다운받아서 사용해야 합니다. 어떤 버전은 동작 자체를 안 하는 경우도 있기 때문입니다.

이 책에서는 SAPUI5의 문법에 대해 다루지 않습니다. 아예 새로운 개발 언어에 대한 설명을 해야 하기에 범위가 너무 크기 때문입니다. 대신 SAPUI5를 배울 수 있는 아주 좋은 콘텐츠를 소개해드리겠습니다. SAPUI5 SDK 사이트 메뉴 중 "Documentation → Get Started: Setup, Tutorials, and Demo Apps"를 찾아가면 SAPUI5를 기초부터 학습할 수 있습니다. 특히 Walthrough란 Turorial은 반드시 학습하시기를 권장합니다.

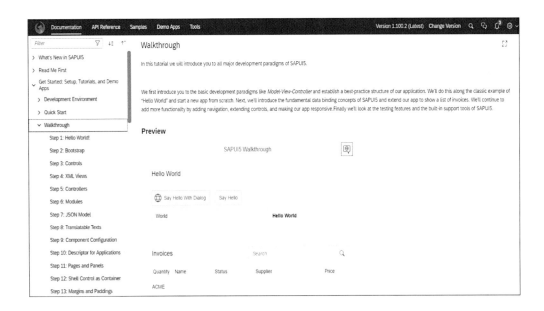

전 SAPUI5를 어떻게 학습해야 하는지를 묻는 제 주변 개발자들에게 Walkthrough를 "최소 5번 처음부터 끝까지 하나하나 타이핑"해가며 실습해보라고 권합니다. 의구심 없이 하나하나 타이핑하다 보면 자연스럽게 SAPUI5를 이해하게 될 정도로 아주 높은 수준의 교육 콘텐츠입니다.

이 책을 읽는 ABAP 개발자들 중에는 API Reference를 찾아보는 게 익숙지 않은 경우가 많을 거라 생각합니다. 그래서 API Reference를 보는 방법에 대해 간단하게 설명드리고 이후 개발과정에서 필요한 설명을 추가하도록 하겠습니다. 예를 들어 Input Control에 대해 API를 살펴보겠습니다.

▶ SAPUI5 버전 지정

API를 살펴보기 전에 SAPUI5 버전을 먼저 지정해야 합니다. 버전에 따라 Control들이 사용 불가할 수도 있고 각종 Property나 Event들이 새로 생기거나 삭제되기도 하기 때문입니다. 이 문서에서 우리는 SAPUI5 버전을 1.71.x로 사용할 예정입니다. SAPUI5 SDK 사이트의 우측 상단에 Change Version을 클릭하고 1.71.x 버전의 SDK로 이동합니다. 전 1.71.47을 선택했습니다.

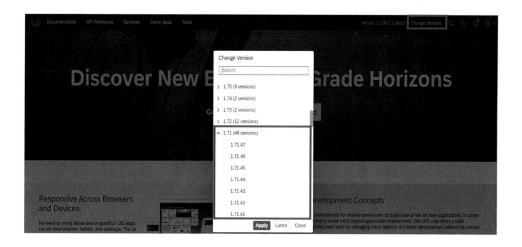

혹은 그냥 URL https://sapui5.hana.ondemand.com/1.71.47/로 접속해도 됩니다.

▶ API Reference

SAPUI5 SDK 사이트에 API Reference 메뉴로 가면 좌측 상단에 검색 필드가 있습니다. 여기에 "Input"이란 검색어로 검색해봅니다.

Input Control은 사용자에게 1개의 값을 입력받는 Control입니다. SAPUI5는 OOP(Object Oriented Programing)를 기반으로 만들어졌기 때문에 모든 Control은 Class 형태로 되어 있고 상속관계에 있습니다. Input Control은 sap.m.Input Class이 며 sap.m.InputBase Class를 상속받았습니다.

Input Control이 가지는 Property를 보면 autocomplete를 시작으로 valueLiveUp-date까지 다양한 Property들이 있습니다. Properties 메뉴의 리스트 상단에 보면 "Show borrowed properties"라는 체크박스가 있는데 이걸 체크하면 Input Control 의 부모인 InputBase Control의 Property들까지 모두 보이게 됩니다. 상속을 받았으 니 Input Control에서도 사용 가능한 Property들입니다. 참고로 InputBase Class는 다시 sap.ui.core.Control Class를 상속받았으니 Input Control의 Property들 중 일 부는 sap.ui.core.Control Class에서부터 상속받은 게 됩니다.

Input Control에는 여러 Event들도 있습니다. Events 메뉴로 가면 사용 가능한 Event 와 설명, Event 발생 시 건네받을 수 있는 Parameter들에 대해서도 자세히 설명되어 있습니다. liveChange Event의 경우 사용자가 키보드의 키를 누를 때마다 발생된다고 설명되어 있고 건네받을 수 있는 파라미터로 oControlEvent가 있습니다. 이 oCon-trolEvent 파라미터는 getSource와 getParameters라는 method를 가지고 있기 때문 에 개발자는 oControlEvent.getParameter("value")와 같은 형태의 구문으로 사용자가 Input Control에 입력한 값을 받아올 수 있게 됩니다. 이전에 입력되었던 값을 가져오려면 oControlEvent.getParameter("previousValue")와 같은 형태의 구문을 사용할 수 있겠죠.

Input control은 liveChange Event를 통해 입력받은 값(value), ESC 버튼 클릭 여부(escPressed), 이전값(previouseValue) 등의 parameter를 전달받을 수 있습니다.

▶ Samples

SAP는 API Reference뿐만 아니라 각 Control에 대한 Sample 소스코드와 실제 동작하는 프로그램까지 제공합니다. Samples 메뉴로 가서 좌측 상단에 input 검색 조건을 넣고 Input Control을 선택합니다.

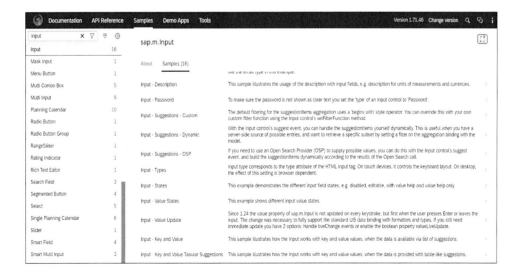

Input Control에 대한 총 16개의 Sample이 있습니다. 각 Sample을 눌러 실제 동작하는 프로그램을 확인해볼 수 있고 Sample의 좌측 상단에 코드보기 버튼을 눌러 소스 코드도 확인해볼 수 있습니다.

개발 Tool 준비

Q

이 책에서는 총 3가지 개발 툴을 사용합니다. SAP Web IDE Trial Personal Edition과 Eclipse, 그리고 SAP GUI입니다. 이 책의 타겟 독자인 ABAP 개발자들은 SAP GUI를 이미 설치했을 것이므로 SAP GUI에 대한 설명은 생략하고 SAP Web IDE Trial Personal Edition과 Eclipse에 대해서만 설명하겠습니다.

▶ 크롬 브라우저와 JDK

개발 툴을 설치하기 전에 실행결과를 보여줄 웹 브라우저와 개발 툴의 기본 엔진 역할을 하는 JDK 설치를 먼저 해야 합니다. 웹 브라우저는 여러 종류가 있으나 여기서는 크롬 브라우저를 사용합니다(Edge나 다른 브라우저를 사용해도 무방합니다).

- 크롬 브라우저

https://www.google.com/에서 크롬을 검색하여 다운로드 및 설치합니다. 특별히 어려운 점이 없으므로 자세한 설명은 생략합니다.

- JDK

SAP Web IDE Trial Personal Edition이 동작하기 위해서는 JDK가 설치되어 있어야 합니다. 여기서 주의할 점은 JAVA SE 8(JDK 1.8) 버전이어야 한다는 것입니다. SAP Web IDE Trial Personal Edition은 JAVA SE 8 기준으로 개발된 개발 툴이고 이후 업데이트가 종료되었습니다. JAVA는 2022년 4월 현재 JAVA SE 18 버전까지 출시되었지만 JAVA SE 8 이상의 버전에서는 SAP Web IDE Trial Personal Edition이 동작하지 않습니다.

https://www.oracle.com/java/technologies/downloads/#java8에서 JDK8을 다운로드받아 설치합니다.

▶ SAP Web IDE Trial Personal Edition

SAP Web IDE Trial Personal Edition(이후 WebIDE)는 개인이 SAPUI5와 Fiori App 개발을 위해 연습용으로 사용하도록 만들어진 개발 툴입니다. 실제 프로젝트 진행과 시스템 운영 시에는 SAP WebIDE Full-Stack이나 Business Application Studio(BAS)를 사용해야 하지만 개인이 사용하기에는 부담스러운 비용이 발생합니다. WebIDE에서도 충분한 기능을 사용할 수 있기 때문에 크게 걱정은 하지 않아도 됩니다(SAP Web IDE Trial Personal Edition으로 Fiori 구축 프로젝트를 진행하는 경우도 다수 있습니다).

- 다운로드 및 설치

앞서 설명한 SAPUI5 SDK 사이트 첫 화면에서 Download 버튼을 클릭하여 SAP Development Tools 화면으로 이동합니다.

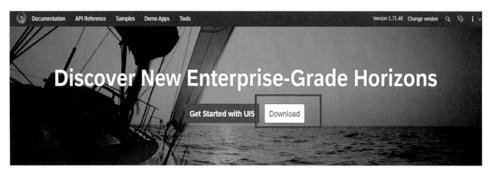

아래 링크를 클릭하여 WebIDE를 설치합니다.

The Personal Edition can be used for the following purposes:

Trial Use - for test and evaluation (non-productive scenarios).
Note: The SAP Web IDE privacy statement has been updated.
For more information see the <u>SAP Web IDE Trial Personal Edition Privacy Statement</u>.

Operating System	Version	File Size	Download
Mac OS (>9)	1.53.9	847.0 MB	Download Link (sha1)
Windows 32 bit	1.53.9	833.0 MB	Download Link (sha1)
Windows 64 bit	1.53.9	833.0 MB	Download Link (sha1)

다운로드된 zip 파일의 파일명을 WebIDE와 같이 짧게 변경합니다. 이후 C드라이브나 D드라이브와 같은 경로에 압축을 해제합니다. 전 C드라이브에 압축을 해제했습니다.

zip 파일의 위치가 복잡한 경로 아래에 있을 경우 압축 해제가 비정상적으로 동작할 수 있습니다. 반드시 C드라이브나 D드라이브처럼 Root드라이브 하위에 위치시키고 압축 해제를 진행해야 합니다.

압축 해제가 완료되면 C:\WebIDE\eclipse로 이동한 뒤 orion.exe 파일을 실행하여 Orion Web Server를 구동시킵니다.

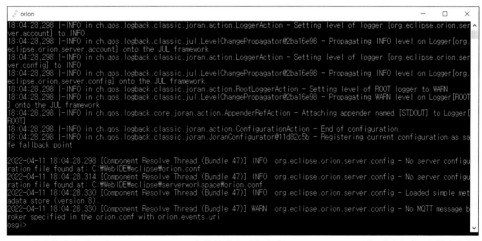

JDK 버전이 맞지 않으면 Orion Web Server가 구동되지 않습니다. JAVA SE 8(JDK1.8)을 설치하였는지 확인하시기 바랍니다.

Orion 서버가 구동되면 크롬 웹 브라우저를 실행하고 아래 URL로 접속합니다. 처음 접속하는 것이라면 신규 계정을 생성하고 로그인합니다(계정은 localhost에서만 관리되는 계정입니다).

http://localhost:8080/webide/index.html

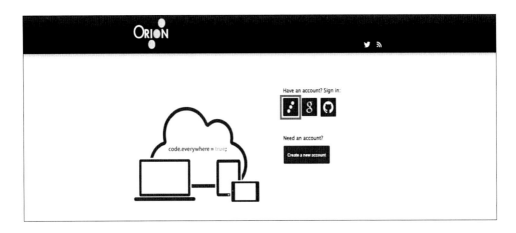

계정을 생성했다면 주사위 3개 모양의 첫 번째 아이콘 버튼을 클릭해서 로그인합니다. Google 이나 Github 계정으로도 로그인할 수 있다고 되어 있는데 동작하지 않습니다. 아마도 SAP가 WebIDE에 대한 지원을 종료하고 SAP WebIDE Full-Stack으로 정책을 바꾸면서 동작하지 않는 것 같습니다.

위와 같은 화면이 출력되었다면 WebIDE가 정상적으로 설치되었고 동작하는 것입니다. 이제 WebIDE를 통해 SAPUI5 Application이나 Fiori App을 개발할 수 있습니다.

- SAPUI5 SDK 버전 업데이트

WebIDE를 설치하면 SAPUI5 SDK 1.38.37, 1.44.39, 1.52.13 버전이 적용되어 있습니다. 1.52.13 버전 출시 이후 WebIDE에 대한 지원이 종료된 듯합니다. 상단 메뉴의 "Help → About → Installed Plugins" 버튼을 누르면 현재 설치된 Plugin들의 정보가 출력됩니다.

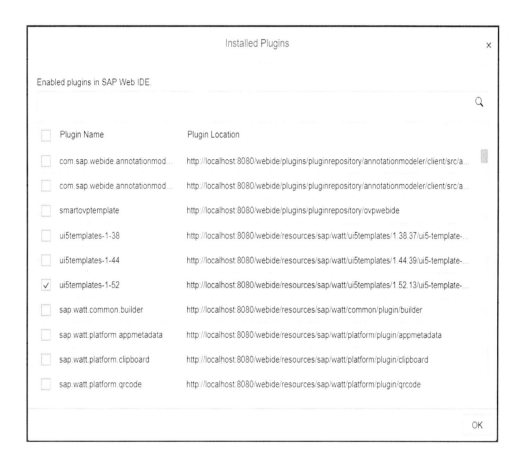

학습을 위해서는 1.52.13 버전도 충분합니다만 이후 진행 과정에 맞추기 위해 SAPUI5 SDK를 1.71.47 버전으로 업데이트해보겠습니다. 우선 1.71.47 버전의 SDK를 다운로드받습니다. WebIDE를 다운로드받은 웹 페이지 아래쪽에서 SDK도 다운받을 수 있게 되어 있습니다.

SAP Development Tools

HOME	ABAP	BW	CLOUD	CLOUD INTEGRATION	HANA	IDM	ML FOUNDATION	MOBILE	**SAPUI5**

SDK	1.74.1	405.3 MB	Download Link (sha1)
SDK	1.73.1	389.0 MB	Download Link (sha1)
SDK	1.72.11	397.3 MB	Download Link (sha1)
SDK	1.71.47	421.8 MB	Download Link (sha1)
SDK	1.70.1	457.7 MB	Download Link (sha1)

SDK 버전과 Runtime 버전이 있는데 SDK 버전을 다운로드받아야 합니다(ABAP 개발자들의 경우 이런 부분에서 헷갈릴 수도 있어 설명드립니다).

다운로드가 완료되면 아래 경로에 다운로드된 zip 파일을 이동시킨 후 파일명을 1.71.47로 변경하여 압축을 해제합니다.

WebIDE 설치 경로(여기선 C드라이브)₩WebIDE₩eclipse₩plugins₩com.sap.webide. orionplugin_1.53.9₩ui5

이름	수정한 날짜	유형	크기
1.38.37	2018-12-03 오후 4:25	파일 폴더	
1.44.12	2018-12-03 오후 4:25	파일 폴더	
1.44.39	2018-12-03 오후 4:25	파일 폴더	
1.52.13	2018-12-03 오후 4:25	파일 폴더	
1.71.47	2022-04-06 오후 1:38	파일 폴더	
1.90.13	2022-04-06 오후 2:32	파일 폴더	
1.71.47.zip	2022-04-06 오후 1:28	압축(ZIP) 파일	431,823KB
1.90.13.zip	2022-04-06 오후 2:12	압축(ZIP) 파일	570,074KB
neo-app.json	2022-04-14 오전 10:43	JSON 파일	2KB

neo-app.json 파일을 메모장으로 열어 SDK 버전을 추가합니다.

```
neo-app.json - Windows 메모장
파일(F)  편집(E)  서식(O)  보기(V)  도움말(H)
      },
      {
        "path": "/1.52.13",
        "target": {
          "type": "service",
          "name": "sapui5",
          "version": "1.52.13",
          "preferLocal": true
        },
        "description": "SAPUI5 1.52.13"
      },
      {
        "path": "/1.71.47",
        "target": {
          "type": "service",
          "name": "sapui5",
          "version": "1.71.47",
          "preferLocal": true
        },
        "description": "SAPUI5 1.71.47"
      },
```

Orion Web Server를 재시작합니다.

SAPUI5 SDK를 새로운 Plugin으로 설치하는 것이 아니라 파일 복사 후 경로만 지정해주었기 때문에 위에서 확인했던 것처럼 1.71.47 버전이 설치된 것을 확인할 수는 없습니다.

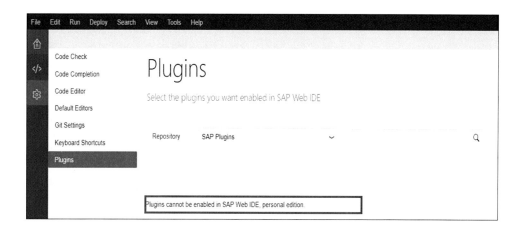

다만 이후 SAPUI5 Project를 생성하고 나면 SDK 버전을 지정하여 사용할 수 있습니다.

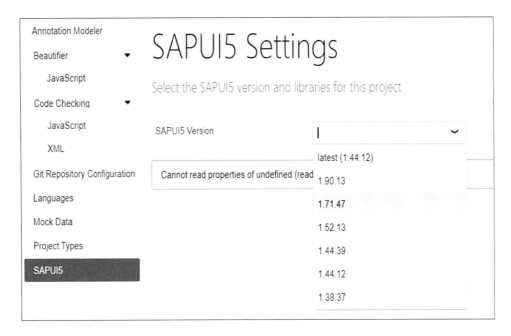

- SAP 시스템과의 연결

WebIDE를 통해 SAPUI5 Project를 개발하면 경우에 따라서는 따로 웹 서버를 구축하여 배포
할 수도 있겠지만 BSP처럼 SAP 시스템에 배포하여 서비스할 수 있습니다. 이를 위해 SAP 시
스템 접속 설정을 해야 합니다. 우선 아래 경로로 이동합니다.

WebIDE 설치 경로(여기선 C드라이브)₩eclipse₩config_master₩service.destinations₩
destinations

메모장 프로그램을 실행시켜 다음과 같이 SAP 시스템 접속 정보를 입력합니다.

```
Description=<Description>

Type=HTTP

TrustAll=true

Authentication=NoAuthentication

Name=<Name>

ProxyType=Internet

URL=<SAP 시스템 url>

WebIDEUsage=odata_abap, dev_abap,ui5_execute_abap

WebIDESystem=<System ID>

WebIDEEnabled=true

sap-client=<SAP Client>
```

파일을 저장합니다. 이때 확장자는 입력하지 않습니다. 아래는 SAP System ID가 "BRD", Client가 100번이라고 가정했을 때 예시 화면입니다.

```
*BRD - Windows 메모장
파일(F) 편집(E) 서식(O) 보기(V) 도움말(H)
Description=BRD
Type=HTTP
TrustAll=true
Authentication=NoAuthentication
Name=BRD
ProxyType=Internet
URL=http://www.brd.com
WebIDEUsage=odata_abap, dev_abap,ui5_execute_abap
WebIDESystem=BRD
WebIDEEnabled=true
sap-client=100
```

		> 내 PC > 로컬 디스크 (C:) > WebIDE > eclipse > config_master > service.destinations > destinations

	이름	수정한 날짜	유형	크기
바탕 화면				
다운로드	BRD	2022-04-01 오후 7:07	파일	1KB

Orion Web Server를 재실행합니다. 이후 WebIDE에 로그인하여 Import 기능으로 연결을 확인합니다.

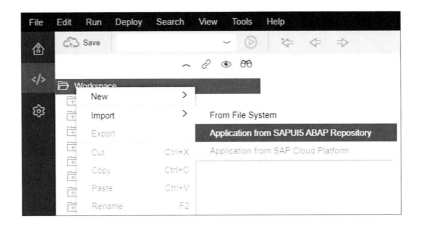

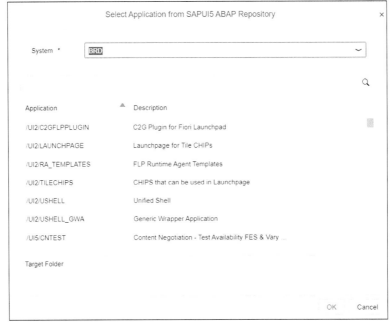

정상적으로 연결이 되면 *SAP ID*와 *Password*를 입력하는 화면이 나오고 로그인하면 *SAPUI5 ABAP Repositiory*에 있는 *Web Application* 리스트가 출력됩니다.

▶ Eclipse & ADT

https://www.eclipse.org/downloads/에서 Eclipse를 다운로드받아 설치합니다. 설치가 완료되면 상단 메뉴의 Help → Install New Software를 통해 ADT를 설치합니다. Work with에 ADT URL을 입력하여 설치할 수 있는데 https://tools.hana.ondemand.com/2022-03과 같습니다. 맨 뒤의 2022-03은 ADT 버전이므로 적당한 버전을 선택하여 설치합니다.

ADT까지 설치가 되면 SAP 시스템을 연결합니다. File → New → Project → ABAP → ABAP Project를 선택합니다.

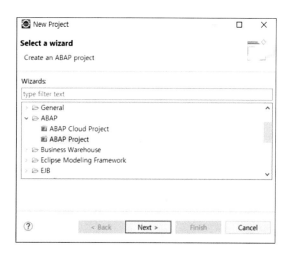

대상 시스템을 선택하고 관련 접속 정보를 입력합니다.

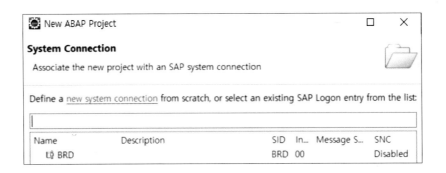

설정이 완료되면 좌측 Project Explore에 ABAP 시스템이 출력됩니다. 만약 ABAP 시스템이 출력되지 않는다면 오른쪽 상단의 ABAP Perspective 버튼을 클릭하여 Eclipse를 ABAP 개발 환경으로 지정합니다.

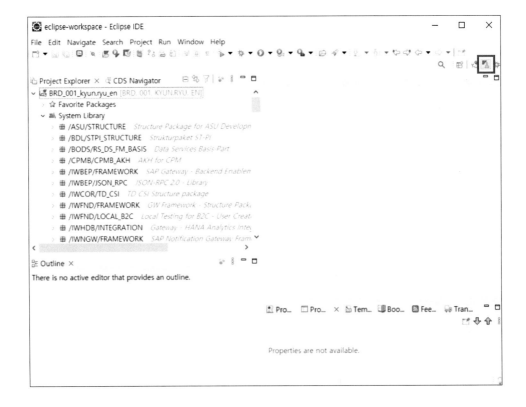

PART II

Fiori App

PART I

PART II

PART III

PART IV

PART V

PART VI

PART VII

SAPUI5 Application과 Fiori App의 동작 구조에서 가장 큰 차이점은 Fiori Launch-pad를 통해 구동되는가 여부입니다. Stand Alone이라고도 불리는 SAPUI5 Application은 index.html과 같이 시작 페이지를 Application별로 가지고 있는 반면 Fiori App은 Fiori Launchpad를 시작 페이지로 하고 Component.js를 통해 Fiori Launchpad의 개별 Component로 동작합니다.

간단한 Hello world 출력 SAPUI5 Project를 통해 기본 구조에 대해 알아보겠습니다.

▶ 신규 프로젝트 생성

WebIDE에서 신규 프로젝트를 생성합니다. WebIDE에서 Template를 제공하기 때문에 이를 통해 간단한 Project는 빠르게 생성할 수 있습니다. "Workspace → New → Project from Template"를 선택합니다.

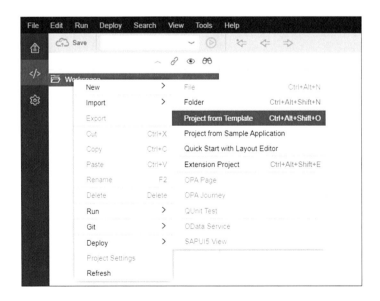

여러 Template 중 SAPUI5 Application을 선택하고 Project Name은 HelloWorld를 입력합니다.

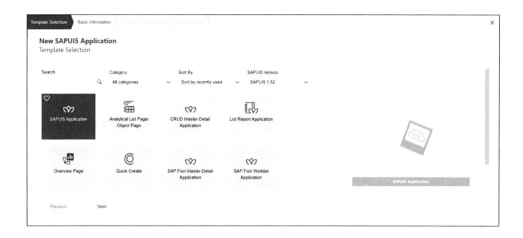

신규 프로젝트가 생성되었습니다.

▶ 프로젝트 실행

상단의 실행 버튼을 눌러 SAPUI5 Project를 실행해봅니다.

빈 화면이 출력되는데 브라우저의 주소창을 보면 index.html이 보입니다. index.html 파일을 시작 페이지로 하는 SAPUI5 Application임을 알 수 있습니다.

화면을 닫고 동일한 SAPUI5 Project를 Fiori App으로 실행해보겠습니다. 프로젝트에 마우스 오른쪽 클릭을 하고 "Run → Run as → SAP Fiori Launcpad Sandbox"를 선택합니다.

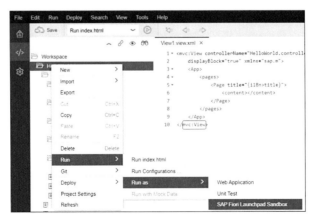

실행결과가 얼핏 비슷해 보이지만 주소창을 보면 index.html 대신 fioriSandbox. html이 보입니다. 실행화면상에서도 Title 위에 App Title이라는 게 생겼고 그 왼쪽으로 몇몇 아이콘이 보입니다. fioriSandbox라는 Fiori Launchpad를 통해 SAPUI5 Project가 실행된 Fiori App임을 알 수 있습니다.

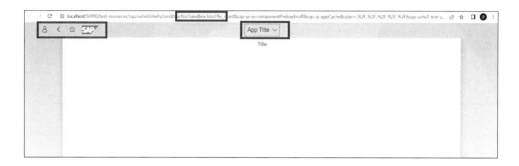

▶ SAPUI5 Project 구조

생성된 Helloworld SAPUI5 Project의 구조를 살펴보겠습니다.

webapp이라는 폴더 하위에 MVC 구조를 나타내는 controller, model, view 폴더가 있고 그 안에는 각각 View1.controller, models.js, View1.view.xml 파일이 있습니다. SAPUI5 Application으로 실행하기 위한 index.html 파일이 있고 Fiori App으로 실행하기 위한 Component.js 파일도 있습니다(앞서 설명했지만 Fiori App은 Component.js 파일을 통해 Fiori Launchpad의 Component로 동작합니다).

manifest.json은 프로젝트 설정값들을 저장하고 있는 파일이고 neo-app.json은 절대 경로와 상대경로를 변환해주는 파일입니다.

i18n은 각종 Text나 Message 등을 국제화(Internationalization)해주는 파일입니다. 국제화란 단어가 어려우니 그냥 "각종 Text나 Message를 한 곳에서 다국어 관리할 수 있게 한다" 정도로만 알고 있어도 될 것 같습니다. i18n은 manifest.json 파일의 설정을 통해 SAPUI5 Project에서 참조하고 있습니다. manifest.json 파일의 models에 i18n model이 지정되어 있는 것을 알 수 있습니다.

```
…
        "models": {
            "i18n": {
                "type": "sap.ui.model.resource.ResourceModel",
                "settings": {
                    "bundleName": "HelloWorld.i18n.i18n"
                }
            }
        },
…
```

SAPUI5 Appliction이든 Fiori App이든 시작점이 다를 뿐이지 SAPUI5 Project는 모두 Componet.js 파일에 접근합니다(SAPUI5 Application은 index.html을 통해 Component.js에 접근하고 Fiori App은 Fiori Launchpad를 통해 접근합니다). Component.js 파일에 manifest를 지정함으로써 manifest.json 파일을 참조합니다.

```
…
    return UIComponent.extend("HelloWorld.Component", {

        metadata: {
            manifest: "json"
        },
…
```

요약하면 Componet.js를 통해 manifest.json에 접근하고 여기에 설정된 값들을 기반으로 프로젝트를 구동하게 되는 것입니다.

▶ Hello World

i18n의 다국어 변환 및 적용에 대한 설명은 이후에 자세히 진행할 예정이니 여기서는 Hello World라는 Text를 출력하기 위한 용도로만 사용해보겠습니다. View1.view. xml의 소스코드를 수정합니다.

```
<mvc:View controllerName="HelloWorld.controller.View1" xmlns:html="http://www.w3.org/1999/xhtml"
xmlns:mvc="sap.ui.core.mvc"    displayBlock="true" xmlns="sap.m">
    <App>
        <pages>
            <Page title="{i18n>title}">
                <content><Text text="{i18n>MsgHelloWorld}" /></content>
            </Page>
        </pages>
    </App>
</mvc:View>
```

i18n.property 파일에도 새로운 Text Element를 추가합니다.

```
title=Title
appTitle = App Title
appDescription=App Description

MsgHelloWorld=Hello World!!
```

실행화면

우리는 앞서 「I-4. 개발 Tool 준비」에서 WebIDE의 SAPUI5 SDK 버전을 업데이트했습니다. 새로 생성한 HelloWorld 프로젝트의 SDK 버전을 새로 적용한 1.71.47로 지정해보겠습니다. SAPUI5 Project에 마우스 오른쪽 클릭 후 Project Settings를 선택합니다. SAPUI5 메뉴를 선택하고 SAPUI5 Version을 새로 설치한 1.71.47로 지정한 후 Save 버튼을 눌러 저장합니다.

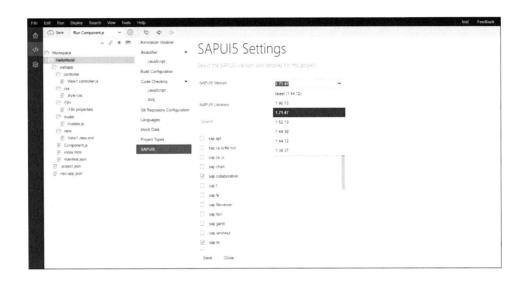

새로운 버전으로 Fiori App을 실행해봅니다. 버전이 올라가니 Fiori Launchpad의 모양이 변경된 것을 알 수 있습니다. 상단바(Shell Bar라고 부릅니다)에서 제목이 왼쪽으로 가고 아이콘 버튼의 위치기 변경된 것을 알 수 있습니다.

키보드의 Shift+Ctrl+Alt 버튼을 모두 누른 상태에서 알파벳 p키를 눌러 SAPUI5 SDK 버전을 확인해볼 수 있습니다.

Standard Fiori App

우리는 앞에서 SAPUI5 Project를 통해 Fiori App을 생성하는 방법에 대해 알아봤습니다. ABAP으로 치면 CBO Fiori App을 만들어본 것입니다. 이번에는 Standard Fiori App에 대해 알아보겠습니다. SAP는 2022년 4월 현재 14,860개의 Standard Fiori App을 제공하고 있습니다. Standard Fiori App은 SAP Fiori Apps Reference Library 사이트인 https://fioriappslibrary.hana.ondemand.com/에서 확인할 수 있습니다.

필요한 App을 검색하여 선택하면 우측에 상세 정보가 출력됩니다.

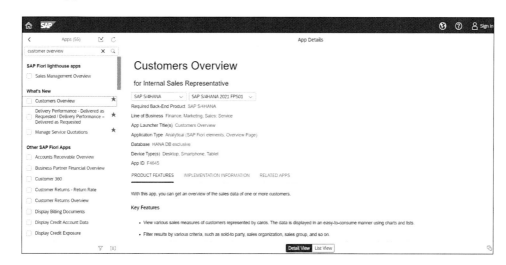

상세 정보 상단에는 어떤 SAP 제품과 버전에서 사용 가능한지가 표시되고 PRODUCT FEATURES 메뉴에는 App의 상세 기능과 실행화면이 캡처되어 있습니다. Standard Fiori App을 SAP 시스템에서 사용해보기 위해서는 IMPLEMENTATION INFORMA-TION 메뉴에 나와 있는 정보를 참조하여 SAP 시스템에 설정을 하면 됩니다. Customer Overview App을 설정해보겠습니다.

Standard App을 사용 가능하도록 설정하기 위해서는 OData Service 설정, SAPUI5 Project의 SICF 노드 설정, Fiori Catalog 설정, Fiori Tile Group 설정, SAP Role 설정 등의 작업이 필요합니다. 이런 일련의 작업 단계는 이 책에서 이후 설명하는 모든 개발·설정 단계에 녹아 있습니다. 자세한 설명은 차차 하기로 하고 여기서는 각 단계별 기계적인 시퀀스만 설명합니다. 이해가 안 가더라도 기계적으로 따라 하면 Standard Fiori App을 사용 가능하도록 설정할 수 있습니다.

▶ Standard Fiori App의 IMPLEMENTATION INFORMATION 확인

SAP Fiori Apps Reference Library 사이트에서 필요한 Fiori App을 찾으면 Detail View에서 IMPLEMENTATION INFORMATION 메뉴로 이동합니다. Configuration 항목에 관련 설정들이 나열되어 있습니다.

▶ SAPUI5 Application SICF 노드 Activation

SAPUI5 Application 항목에 나와 있는 Path to ICF Node를 Tcode SICF에서 검색합니다. ICF Node가 여러 개라면 모두 설정해야 합니다.

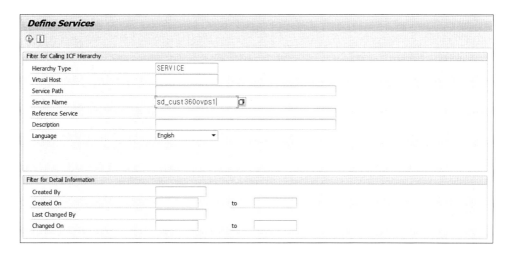

ui5_ui5/sap 하위에 Active가 안 되어 있는 Node가 있으면 Active합니다.

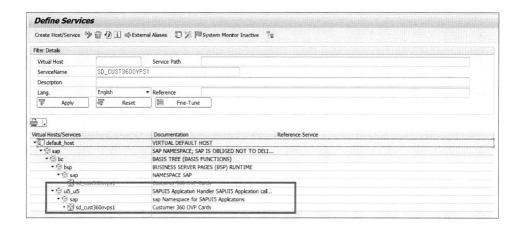

▶ OData Service Activation

OData Service(s)에 표시된 OData Service SD_CUSTOMER360_OVP를 Tcode / IWFND/MAINT_SERVICE에서 등록 및 Active합니다.

OData Service는 Active할 때 Technical Service Name을 할당해줘야 합니다. Standard OData Service는 앞에 Z가 붙으면서 Technical Service Name이 등록되고 Active됩니다. 만약 OData Service가 등록되지 않았다면 Service Catalog에서 검색되지 않습니다. 상단에 Add Service 버튼을 눌러 OData Service 등록부터 진행합니다.

▶ Fiori Catalog & Group 설정

SAPUI5 Application과 OData Service가 Active되면 Catalog와 Group을 설정해야 합니다. Catalog는 권한이고 Group은 메뉴 정도로 생각하고 따라 해보시기 바랍니다.

Technical Catalog(s)에 표시된 Catalog로 이동합니다. Tcode /UI2/FLPD_CONF를 통해 Launchpad Designer를 실행합니다(/UI2/FLPD_CUST나 /UI2/FLPCM_CONF, /UI2/FLPAM 등에서도 설정이 가능하지만 여기서는 /UI2/FLPD_CONF를 사용하겠습니다).

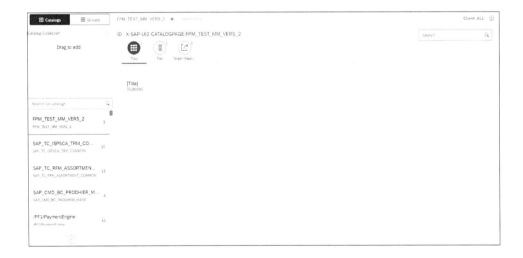

- Catalog 생성

사용할 Fiori Catalog를 먼저 생성해보겠습니다. 왼쪽 하단의 + 버튼을 눌러 신규 Catalog를 생성합니다. Title과 ID는 [TEST] Customer Management와 Y_BC_TEST로 하겠습니다.

Catalog가 만들어지면 여기에 Target Mapping이란 것과 Tile을 생성할 수 있습니다. 우리는 Standard Fiori App을 사용할 예정이기 때문에 Standard에 이미 생성되어 있는 Target Mapping과 Tile을 가져오겠습니다. SAP Fiori Apps Reference Library에서 알아낸 Technical Catalog를 검색합니다.

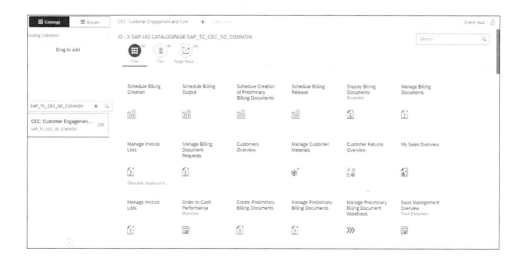

Target Mapping Tab으로 이동하여 displaySalesOverviewPage를 검색합니다. SAP Fiori Apps Reference Library의 Target Mapping(s)에 나와 있는 Semantic Action입니다.

오른쪽 아래의 Create Reference를 클릭하고 우리가 만든 Y_BC_TEST Catalog를 선택합니다.

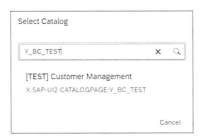

Tile도 마찬가지로 Y_BC_TEST Catalog에 추가합니다.

Tile과 Target Mapping이 추가되었습니다.

- Group 생성

Launchpad Designer 좌측 상단의 Group Tab으로 이동합니다. Catalog와 마찬가지로 신규 Group을 생성합니다. Title은 Catalog Name과 동일하게 [TEST] Customer Management를 입력하고 ID는 Y_TG_TEST를 입력합니다.

오른쪽의 + 버튼을 눌러 Catalog에 있는 Tile을 Group에 등록합니다.

▶ 실행

등록된 Fiori App을 실행해보기 위해서 사용자가 가지고 있는 SAP Role에 Catalog와 Group을 Assign해줘야 합니다. Tcode PFCG에서 신규 Single Role YR_TEST를 생성합니다. Menu 탭에서 Transaction 추가 버튼 옆의 작은 세모를 눌러 추가 Object를 지정합니다. Fiori Launchpad → Launchpad Catalog와 Launchpad Group을 선택하여 새로 생성한 Catalog와 Group을 Assign합니다.

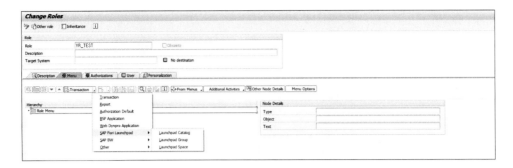

이제 모두 준비되었으니 Tcode /UI2/FLP를 실행하여 Launchpad를 확인해봅니다.

Fiori Launchpad가 실행되지 않는다면 BC의 도움을 받아 Launchpad부터 설정해야 합니다.

앞의 「II-1. SAPUI5 Project」에서 SAPUI5 Project를 통해 Fiori App을 생성하는 방식을 설명했습니다. 이때 WebIDE가 제공하는 SAPUI5 Application Template를 사용했는데요. 다른 Template 중에 Overview Page, List Report Application, Analytical List Page/Object Page, Quick Create 등이 더 있었습니다.

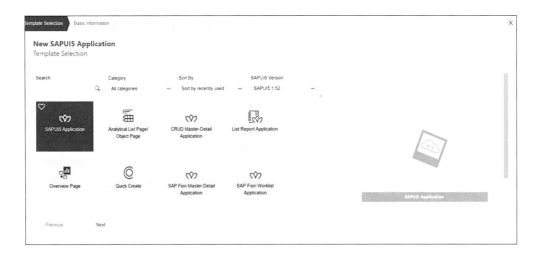

SAP는 SAPUI5 Project 생성 시 코딩을 최소화하고 설정값을 통해서 Fiori App을 개발할 수 있는 규격화된 Template를 제공합니다. 이러한 Template들을 Fiori Element라고 합니다. 우리가 처음 개발한 Hello World 프로젝트는 Fiori Element가 아닙니다. 그냥 Template일 뿐이죠. Fiori Element는 View나 Controller같이 코딩을 위한 파일이 없습니다. 이해를 돕기 위해 Fiori Element 중 가장 많이 사용되는 List Report를 생성해보겠습니다. 「II-1. SAPUI5 Project」를 참고하여 List Report Application Template 기반으로 SAPUI5 Project TestListReport를 생성합니다.

List Report는 OData Service를 통해서만 동작하기 때문에 OData Service를 지정해 주어야 합니다. 여기서 지정하는 OData Service는 다음 장에서 실습을 통해 생성할 예정이니 지금은 '그냥 그런 게 있나 보다' 정도로 생각하고 따라오시기 바랍니다.

Annotation 파일 선택은 비워두고 다음 단계로 진행합니다. 직접 설정할 예정입니다.

OData Collection으로 SflightEntitySet을 선택합니다.

생성된 Project에는 View나 Controller와 같이 코딩을 위한 파일이 없습니다(Extension 이란 기능으로 Fiori Element에서 제공하지 않는 추가적인 기능을 코딩할 수는 있습니다).

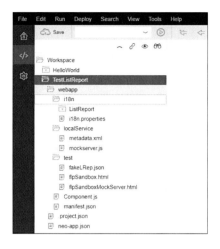

Fiori Launchpad Sandbox로 SAPUI5 Project를 실행합니다. 처음엔 빈 화면이 출력되지만 사용자는 화면에서 직접 출력하고자 하는 필터와 리스트 필드를 선택하여 데이터를 조회해볼 수 있습니다.

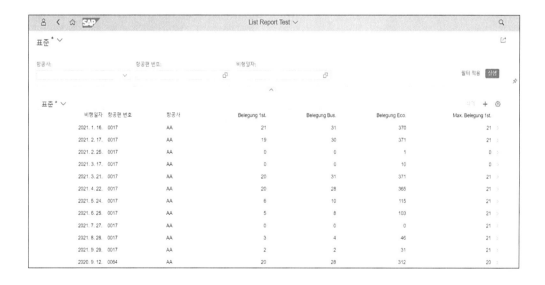

이렇게 OData Service만 존재한다면 몇 가지 설정만으로도 Fiori App을 생성할 수 있습니다. 코딩이 필요 없이 정해진 틀에 맞추어 Fiori App을 생성하도록 설계된 Object가 Fiori Element입니다.

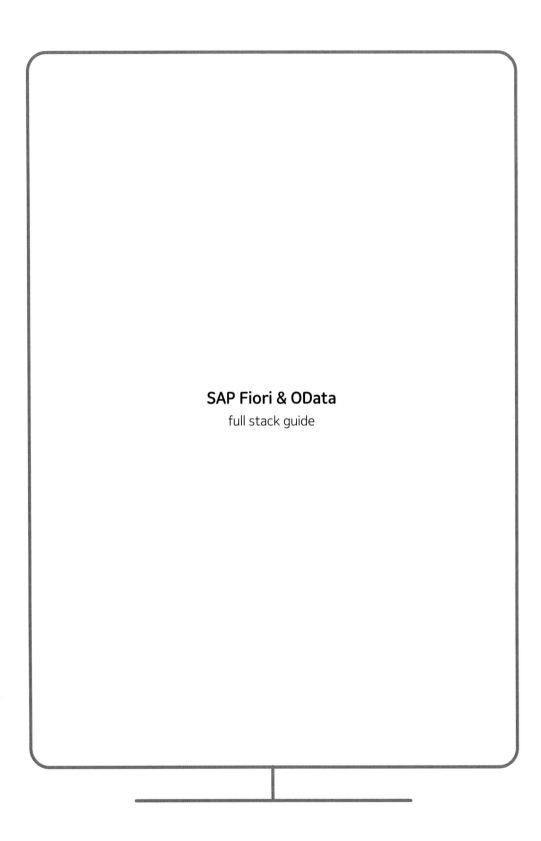

SAP Fiori & OData

full stack guide

PART III

SAP OData

PART I

PART II

PART III

PART IV

PART V

PART VI

PART VII

OData Service 생성 방식

「I-2. OData Model에 대한 이해」에서 OData에 대해 **"RESTful API를 구축하고 사용하기 위한 모범 사례 집합을 정의"**라고 하였습니다. SAP는 RESTful API 집합인 OData Service를 생성하기 위해 여러 가지 방식을 지원합니다.

▶ MDS(Mapped Data Source) Modeling

기존에 존재하는 ABAP Repository Object인 RFC나 Search help에 연결하여 OData Modeling을 하는 방식입니다. 기존에 이미 존재하는 Object를 활용할 수 있다는 장점이 있지만 RFC같은 경우는 사실 OData Modeling에 맞게 개발되어 있어야 정상적으로 활용 가능하다는 단점도 같이 존재합니다.

▶ RDS(Referenced Data Source) Modeling

CDS View를 Reference하여 OData Modeling을 하는 방식입니다. CDS View만 있으면 쉽게 OData Model을 생성할 수 있다는 장점이 있지만 정규화되어 있지 않은 Database Table들에 대해 CDS View로만 데이터를 완벽히 추출하기가 어렵기 때문에 고민이 필요한 부분입니다. 특히 CDS View는 Native SQL과는 차이가 있어 Function 사용에 제약이 있고 기존에 존재하는 BAPI나 Class 등의 ABAP 로직을 활용하기가 어렵다는 단점이 있습니다.

▶ CDS Modeling

CDS View를 직접 Auto Exposure하여 OData를 생성하는 방식입니다. 다른 모든

OData Modeling 방식은 SAP Gateway Service Builder를 통해서만 OData Service 를 생성할 수 있지만 CDS View를 직접 Exposure하면 SAP Gateway Sercice Builder 없이 OData Service를 생성할 수 있습니다. RDS와 마찬가지의 단점이 존재하며 입력 수정 등의 로직은 BOPF라는 기능을 통해 수행해야 해서 개발 복잡도가 증가합니다.

▶ Free Style Modeling

SAP Gateway Service Builder에서 Entity와 Property 속성, 그리고 비즈니스 로직을 개발자가 직접 생성하는 방식입니다. ABAP Class에 비즈니스 로직을 직접 코딩하는 방식이어서 ABAP 개발자가 접근하기 편한 반면 SAP Gateway Service Builder의 모든 설정을 수기로 해줘야 하기 때문에 개발 난이도가 높아집니다.

SAP Gateway Project에 대해 알아보고자 합니다. Tcode SEGW로 SAP Gateway Service Builder 프로그램을 실행할 수 있습니다.

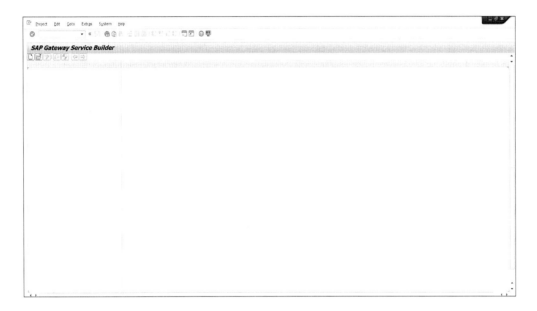

설명을 위해서 간단한 Gateway Project를 생성해보겠습니다. 화면의 좌측 위 신규 생성 버튼을 클릭하여 신규 Project를 생성합니다.

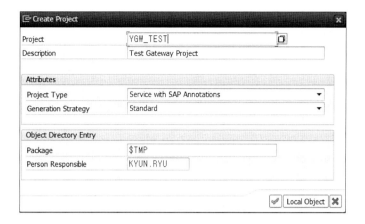

Project ID와 Description을 입력하고 Local Object로 생성합니다.

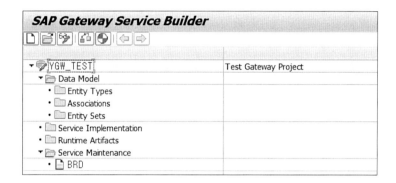

SAP Gateway Project를 생성하면 기본적으로 Data Model, Service Implementation, Runtime Artifacts, Service Maintenance 폴더 구조가 생깁니다.

▶ Data Model

Data Model 폴더는 다시 Entity Types와 Associations, Entity Sets로 나누어집니다. OData Model의 기본 요소는 Entity Type입니다. Entity Type은 Key를 가지는 Property들의 집합으로 ABAP의 Structure와 비슷하다고 생각하면 쉽게 이해할 수 있습니다. Entity Type을 구성하는 Property들은 데이터 Type뿐만 아니라 입력·수정·삭제·검색 등의 기능적인 속성도 가지고 있다는 점과 다른 Entity Type들과의 연결

(Association)을 위한 Navigation Property를 정의할 수 있다는 점 등에서 단순 Structure와는 차이가 있습니다.

Association은 Entity Type들 간의 연결관계를 정의할 때 사용합니다. 전통적인 ERD에서 Master와 Detail 간의 관계가 1:N 관계인 것과 비슷한 개념입니다. Association은 1:1이나 1:N과 같이 단순히 Foreign Key 관계를 나타내는 것뿐만 아니라 Association으로 연결된 Entity들 간의 이동(Navigate) 가능 여부도 정의합니다. 그래서 서로 Association된 Entity들 간의 관계를 [0..1] [1..1] [0..N] [1..N]과 같이 표현합니다. Master에 있는 Key 데이터가 Detail에 없거나 한 개만 있고[0..1] 혹은 반드시 1개가 있고[1..1] 혹은 없거나 여러 개 있고[0..N] 혹은 한 개나 여러 개 있다[1..N]라는 의미입니다.

Entity Type이 Structure와 비슷한 개념이라면, Entity Set은 ABAP의 Table Type을 떠올리면 쉽게 이해할 수 있습니다. 반드시 Entity Type을 기반으로만 만들어지며 입력·수정·삭제·검색 등의 기능적 속성을 가지고 있습니다. 보통 Entity Type을 생성할 때 연관된 Entity Set도 같이 생성하게 됩니다.

간단한 Data Model을 만들어보겠습니다. Data Model의 기본 요소가 Entity Type이라고 했으니 Entity Types 폴더에 마우스 오른쪽 클릭을 한 뒤 Create를 합니다.

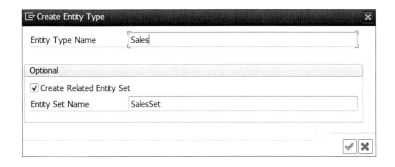

주문에 대한 Entity Type을 생성했습니다. Entity Type을 생성할 때 Create Related Entity Set을 선택하여 Entity Set까지 같이 생성합니다. SAP Gateway Service Builder에서 Entity Type을 생성하면 Entity Type Name 뒤에 Set 키워드가 추가되면서 Entity Set Name이 자동 지정됩니다.

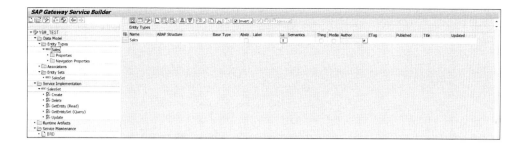

Entity Type에 여러 속성들이 있지만 이는 이후 실전 프로젝트들을 진행하면서 차차 설명드리도록 하고 여기서는 Entity Type에 대한 Property들을 바로 생성해보겠습니다. Sales Entity Type의 Properties를 더블클릭하면 Property를 정의하는 화면으로 이동하게 됩니다. 상단의 신규 생성 버튼을 눌러 필요한 Property들을 정의합니다.

▶ Service Implementation

앞서 생성한 Sales Entity는 OData Service 생성 방식 중 Free Style Modeling 방식으로 생성한 것입니다. OData Service를 생성하는 방식을 설명하면서 Free Style Modeling 방식과 함께 MDS Modeling이란 방식도 언급했는데요, Entity Type을 RFC나 Search help와 같은 ABAP Repository Object를 기반으로 생성할 수 있고 이렇게 생성된 Entity에 대한 기능 연결이 Service Implementation에 정의되게 됩니다. 자세한 설명과 정의 방법은 이후 실전 프로젝트에서 설명드리겠습니다.

▶ Runtime Artifacts

현재는 YGW_TEST Project의 Runtime Artifacts 폴더 아래에 아무것도 없습니다. SAP Gateway Service Project가 정의만 되고 생성(Generate)되지 않았기 때문입니다. SAP Gateway Service Builder 상단의 Generate 버튼을 클릭해 OData Model을 생성합니다.

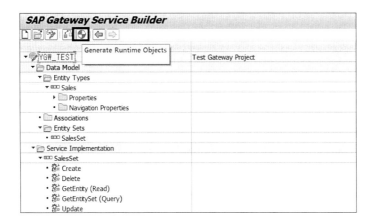

OData Model이 생성될 때 아래와 같이 Model and Service Definition을 지정하게 되는데 여기서 지정되는 Model과 Service가 Runtime Artifacts 하위에 위치하게 됩니다.

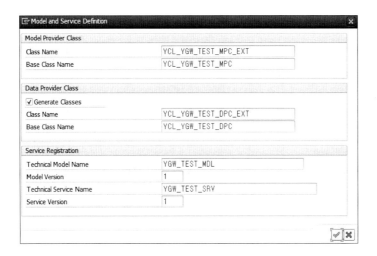

- Model Provider Class

Entity Type, Entity Set, Association 등 Data Model에서 정의한 Object들을 ABAP 소스코드로 전환하여 생성된 Class입니다. SAP Naming Convention에 의해 YCL_ or ZCL_ + "Project ID" + _MPC 형태로 Base Class가 만들어집니다. Base Class는 SAP Gateway Project를 Generate할 때마다 삭제되고 다시 생성되므로 직접 수정을 하면 안 됩니다. 개발자는 필요한 경우 Base Class를 상속받은 Extension Class를 수정할 수 있습니다. Extension Class는 Base Class ID 뒤에 EXT가 추가되어 생성됩니다.

- Data Provider Class

OData Model에 생성된 Entity Set은 기본적으로 5가지 기능을 가지게 됩니다. Create, Read, Update, Delete, Query입니다(흔히 CRUDQ라고 부릅니다). 개발자는 이 5가지 기능의 로직을 Data Provider Class에 구현하게 되는데 Model Provider Class와 동일하게 Base Class와 이를 상속받은 Extension Class로 구성됩니다.

- Service Registration

SAP Gateway Project를 Generate하게 되면 OData Model과 OData Service가 동시에 만들어지게 됩니다. 이때 기본 버전은 1로 지정되며 필요에 따라 버전을 변경하여 생성할 수 있습니다.

▶ Service Maintenance

SAP Gateway Project가 Generate되면 OData Model과 OData Service가 생성된다고 말씀드렸습니다. 이렇게 생성된 OData Service는 생성만 된 것이고 아직 서비스가 등록되고 활성화되지 않았습니다. Service Maintenance에서 OData Service를 등록·활성화하고 테스트 및 오류 조회도 해볼 수 있습니다. OData Service를 Activate and Maintain Services(Tcode /IWFND/MAINT_SERVICE) 프로그램에서 직접 등록·활성화할 수도 있지만 Service Maintenance 노드에서 제공하는 Register 기능으로 생성할 수도 있습니다. Service Maintenance 노드에 마우스 오른쪽 클릭 후 Register를 선택합니다. OData Model이 존재하는 시스템을 입력하는 팝업창이 나오는데 같은 시스템에 있는 OData Model을 Service로 생성할 것이므로 LOCAL을 입력합니다. 만약 다른 SAP 시스템에 있는 OData Model을 기반으로 Service로 생성하려면 해당 System Alias를 입력하면 됩니다.

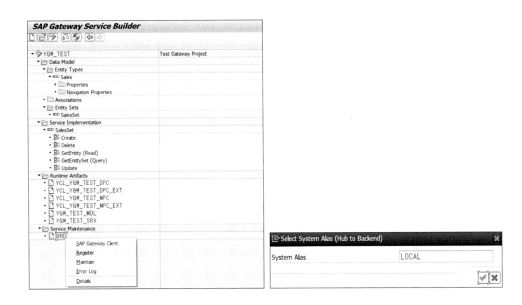

Technical Service Name과 Technical Model Name은 그대로 두고 Local Object로
OData Service를 등록합니다.

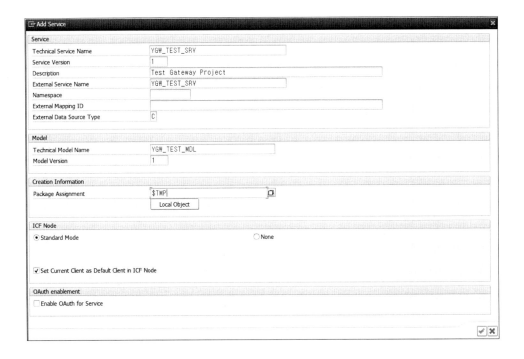

SAP OData Service 구조

지금까지 SAP Gateway Service Builder를 통해 Gateway Project를 생성했고 Gateway Project를 기반으로 OData Model을 생성했으며 이 OData Model을 OData Service로 등록 및 활성화하였습니다.

OData Service는 HTTP Request를 기반으로 동작하는 RESTful API의 집합이므로 SAP는 각 OData Service마다 ICF(International Communication Framework) 노드를 생성하여 관리합니다(간단히 말해 웹 주소가 있기 때문에 웹 브라우저에서 URL을 통해 접근할 수 있다는 뜻입니다). Define Service 프로그램(Tcode SICF)을 통해 등록된 ICF노드를 확인해볼 수 있습니다. SAP Gateway Project YGW_TEST의 OData Service ID는 SAP Naming Convention에 의해 "Gateway Project ID"+ _SRV입니다.

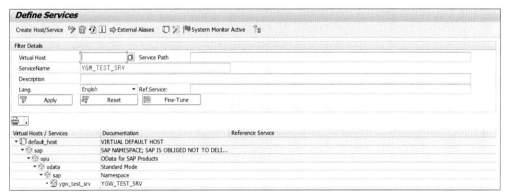

OData의 기본 Service Path는 default_host/sap/opu/odata/sap입니다.

브라우저를 통해 직접 OData Service에 접근할 수 있습니다.

$metadata키워드는 OData Model의 구조를 반환받는 URI Option입니다.

SAP Gateway Service Builder는 OData Service를 직접 실행해볼 수 있는 툴을 제공합니다. SAP Gateway Client(Tcode /IWFND/GW_CLIENT)입니다. Service Maintenance 하위 노드에 마우스 오른쪽 클릭 후 SAP Gateway Client를 선택하여 실행해도 됩니다.

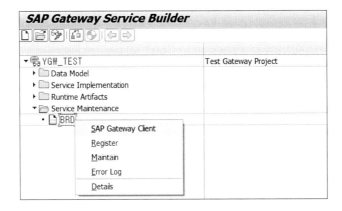

상단에 Request URI에 필요한 명령을 입력한 후 Execute 버튼을 눌러 실행합니다.

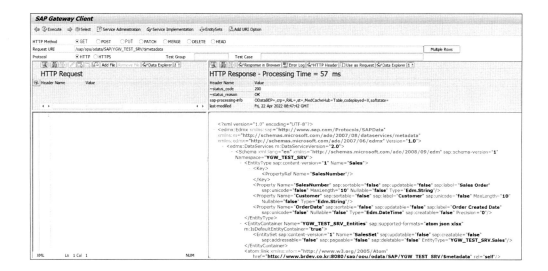

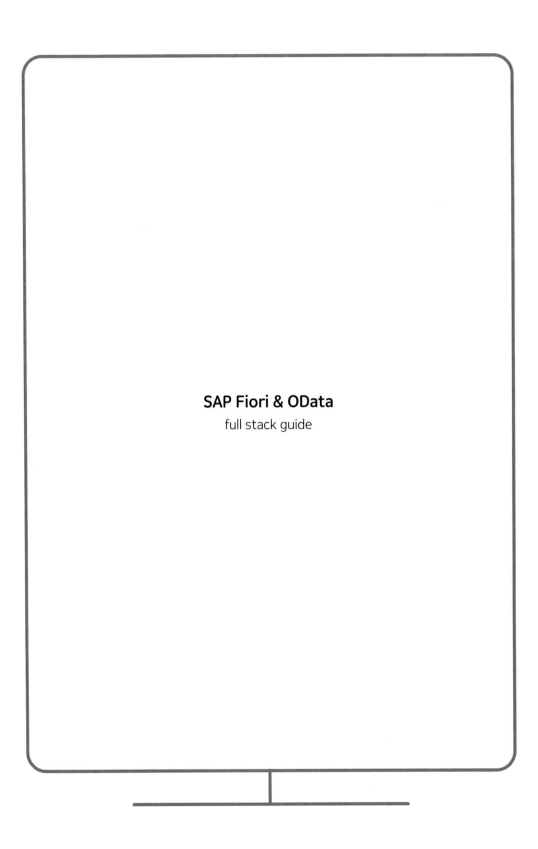

SAP Fiori & OData

full stack guide

PART I

PART II

PART III

PART IV

PART V

PART VI

PART VII

PART IV

List Report Project

OData Service

앞서 「I-1. SAP Fiori에 대한 이해」에서 'Fiori란 무엇인가'를 제 나름대로 정의할 때 "SAP Fiori는 개발자와 디자이너, 사용자 모두에게 소비되는 개발 언어와 툴, 가이드라인, 플랫폼의 통합 환경"이라고 했습니다. 여기서 '가이드라인'을 말씀드렸는데, Fiori Design Guidelines 사이트에서 List Report에 대한 Design Guideline을 확인해볼 수 있습니다.

URL: https://experience.sap.com/fiori-design-web/list-report-floorplan-sap-fiori-element/

Fiori Element로 제공되는 List Report는 OData Service만 있으면 개발자가 아니어도 코딩 없이 Fiori App을 개발할 수 있다는 장점이 있었습니다. 하지만 Fiori Element에서 정의되지 않은 기능이나 Layout이 필요할 때는 대응하기가 쉽지 않습니다. 물론 Extension 기능으로 어느 정도까지는 대응이 가능하지만 한계가 있는 건 마찬가지입니다.

그래서 이번 장에서는 Fiori Element가 아닌 SAPUI5 Project로 List Report와 동일한 Fiori App을 개발해보겠습니다. 이렇게 개발된 Fiori App은 Fiori Element와 다르게 SAPUI5 코딩을 통해 개발되며 필요에 따라 Layout이나 기능 수정이 가능합니다.

우선 OData Service를 먼저 생성해보겠습니다. 여기선 Free Style과 MDS 방식으로 생성합니다.

SAP Gateway Service Builder를 통해 신규 Project를 생성합니다.

▶ SAP Gateway Project

Project 필드에 "YGWSFLIGHT"를 입력하고 적절한 Description을 입력합니다. 나머지 입력값은 아래와 같이 입력합니다.

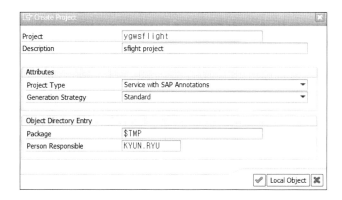

빈 Gateway Project가 생성됩니다.

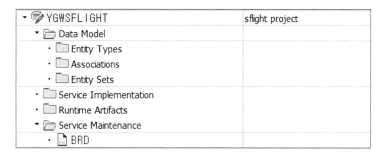

▶ Entity Type

앞의 「Ⅲ. SAP OData」에서는 구조 설명을 위해 단순한 OData Service를 생성했습니다. Entity Type을 생성할 때도 Property를 수기로 하나씩 생성했는데요. 이번에는 SAP Table을 기반으로 Entity Type을 생성하는 방법을 알아보겠습니다. Data Model에 마우스 오른쪽 클릭을 하고 "Import → DDIC Structure"를 선택합니다.

Name에는 SflightEntity를, ABAP Structure에는 Target이 되는 DDIC를 입력합니다. 여기서는 Table인 SFLIGHT를 입력합니다(Structure나 CDS View도 지정이 가능합니다).

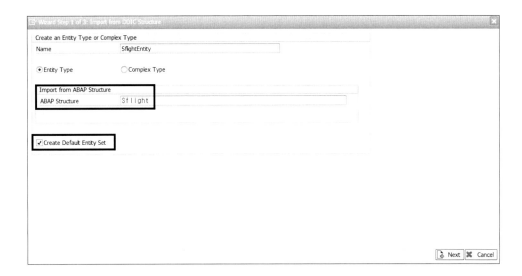

SFLIGHT Table의 스키마가 출력됩니다. MANDT 필드를 제외한 전체 Property를 Import합니다. 이때 Target DDIC에 Search help가 Assign되어 있는 경우 관련 Search help도 한꺼번에 Import할 수 있습니다.

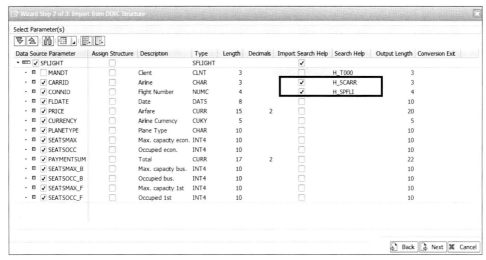

OData Modeling 이전에 DDIC 구성이 잘되어 있으면 OData Modeling이 수월해집니다.

Import된 Entity Type의 Property에 대한 설정을 추가합니다. 이때 각 Entity Type별 Key Property를 지정하는데 Key Property는 아주 중요합니다. 각 Entity Type의 Property들 중 Key가 되는 것을 "Is Key" 속성값에 체크합니다. 여러 Entity Type의 Property가 한꺼번에 출력되므로 잘 구분하여 체크합니다.

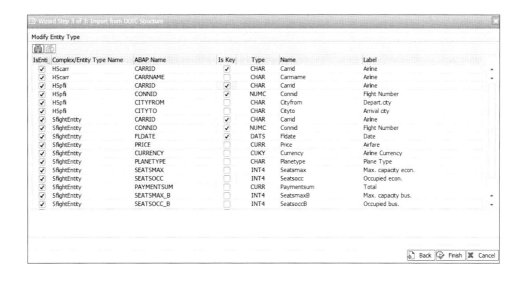

- ABAP Name

이후 ABAP 로직에서 사용하게 될 Field명입니다. ABAP 소스코드에서 변수명으로 사용되기 때문에 모두 대문자이고, 띄어쓰기를 사용할 수 없습니다. 띄어쓰기가 필요한 경우 언더바(_)를 사용하여야 합니다.

- Name

OData Model과 Fiori App에서 사용할 Property명입니다. 대소문자를 구분하고 띄어쓰기를 하지 않는 Camel Case를 사용합니다.

- Label

Fiori App에서 해당 Label을 사용하여 Property를 출력할 수 있습니다. End User에게 보여질 수도 있는 Text이기 때문에 되도록 의미 있는 Text를 지정합니다.

Finish 버튼을 누르면 아래와 같이 Entity Type, Entity Sets, Service Implementation이 생성됩니다.

Property들의 속성을 정의합니다.

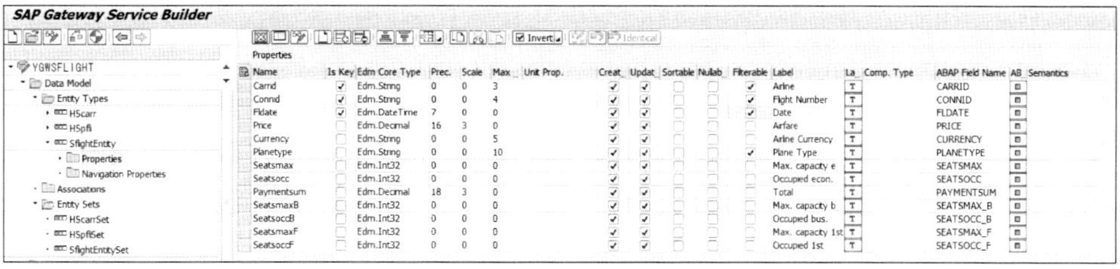

- Name

Property명입니다. 대소문자를 구분하고 띄어쓰기를 할 수 없으며 첫 글자가 대문자인 Camel Case로 값을 지정합니다. SflightEntity는 DDIC를 기반으로 생성된 Entity Type이므로 "ABAP Field Name"과 매핑되어 자동 생성됩니다.

- Is Key

SflightEntity의 PK가 되는 Property들을 체크합니다. OData가 Service될 때 입력·수정·삭제 등의 기능은 Key Property를 기준으로 동작합니다. 또한 리스트를 출력할 때 Key Property의 값이 중복되면 비정상적으로 동작하기 때문에 값이 중복되지 않도록 정확하게 지정해야 합니다.

- Edm Core Type

EDM은 Entity Data Model의 약자로 OData Model의 표준 데이터 타입입니다. Edm은 www.odata.org에서 관리하므로 ABAP Type과는 차이가 있을 수 있습니다. Class /IWBEP/CL_MGW_MED_EDM_UTIL에서 관련 소스코드를 확인할 수 있습니다.

- Precision

Decimal Type 등의 전체 자릿수입니다.

- Scale

Decimal Type 등의 소수점 아래 자릿수입니다.

- Max Length

String Type의 최대 자릿수입니다.

- Unit Property Name

금액(Amount)과 같이 단위가 필요한 Property인 경우 Reference할 Unit Property를 지정합니다. SFLIGHT Table에서 이미 CURRENCY 필드가 Reference되어 있기 때문에 따로 지정하지 않아도 됩니다.

- Creatable

해당 Property가 입력 가능한 Property인 경우 체크합니다.

- Updatable

해당 Property가 수정 가능한 Property인 경우 체크합니다.

- Sortable

해당 Property가 정렬 가능한 Property인 경우 체크합니다.

- Nullable

입력·수정 시 해당 Property값이 없어도(null) 되는 경우 체크합니다.

- Filtable

해당 Property를 검색 조건으로 사용할 경우 체크합니다.

- Label

해당 Property의 출력 Label을 입력합니다. 대소문자, 띄어쓰기를 포함해서 사용자가 해당 Property를 인식할 수 있도록 적절한 Text를 입력합니다.

- Label Text Reference Editor

Label을 다른 Object의 Text와 연결할 때 사용합니다. 여기선 SFLIGHT Table의 필드들이 모두 Data Element를 Reference하고 있어 Data Element의 Text가 보여집니다. 필요한 경우 직접 수정할 수 있습니다.

- Complex Type Name

OData Model에 Complex Type을 생성한 경우 해당 Complex Type을 Reference하여 Property를 구성할 때 사용합니다.

- ABAP Field

Entity Type의 Property명과 대응되는 ABAP 영역의 필드명입니다. 대소문자 구분 없이 대문자로만 구성되고 띄어쓰기를 할 수 없습니다.

- ABAP Type Editor

"ABAP Field"의 상세 속성 입력 시 사용합니다.

- Semantics

필요할 경우 Property의 추가 Semantic 정보를 지정합니다. Semantic의 값을 보고 Fiori App에서 해당 값을 의미 있게 출력할 수 있습니다(예: 전화번호, email 주소 등).

▶ Entity Set

Entity Set은 Entity Type을 생성할 때 함께 생성했습니다.

- Name

Entity Set명입니다. DDIC를 기반으로 Entity를 생성한 경우 자동으로 Entity명 뒤에 Set이 추가되어 생성됩니다.

- Entity Type Name

Entity Set을 구성하는 Entity Type명입니다.

- Label

사용자에게 보여지는 Entity Set의 Label입니다.

- Label Editor

  Label을 다른 Object의 Text와 연결할 때 사용합니다.

- Semantics

  필요할 경우 Entity Set의 추가 Semantic 정보를 지정합니다.

- Creatable

  신규 Entry를 저장 가능한 Entity Set인지를 지정합니다.

- Updatable

  기존 Entry를 수정 가능한 Entity Set인지를 지정합니다.

- Deletable

  기존 Entry를 삭제 가능한 Entity Set인지를 지정합니다.

- Pageable

  Entry 리스트를 Paging할 수 있는지 지정합니다.

- Addressable

  Entry를 주소를 통해 접근 가능하게 할지를 지정합니다.

- Searchable

  기본 검색기능을 허용할지를 지정합니다.

- Subscribable

  구독기능을 활성화할지를 지정합니다.

- Requires Filter

  검색 조건 사용을 허용할지 지정합니다.

▶ Service Implementation

Entity Type 생성 시 Import된 Search help가 Entity Set의 기능별로 Mapping되어 있습니다. Search help는 입력·수정·삭제는 없고 읽기 기능만 있으므로 GetEntity(Read)와 GetEntitySet(Query)만 Search help와 Mapping되어 있습니다.

▶ OData Service생성

SAP Gateway Project가 생성되었으니 상단에 Generate 버튼을 클릭하여 OData Service를 생성합니다.

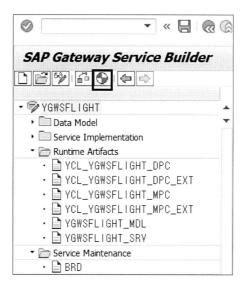

Runtime Artifacts가 생성된 것을 확인하고 Service Maintenance의 Register 기능으로 OData Service를 사용 등록 및 활성화합니다.

▶ Model Provider Class

YCL_YGWSFLIGHT_MPC로 이동하여 SAP Gateway Service Builder를 통해 생성된 OData Model이 ABAP 로직으로 잘 변환되었는지 확인해보겠습니다. YCL_YGWSFLIGHT_MPC에 마우스 오른쪽 클릭을 하고 Go to ABAP Workbench를 선택하여 ABAP Class Builder로 이동합니다.

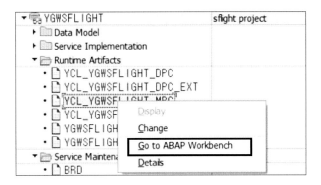

Entity Type당 ts_+"entityid" 형태의 Structure Type과 tt_+"entityid" 형태의 Table Type이 만들어져 있습니다. Structure Type의 필드들은 Property들의 "ABAP Name"명으로 지정되고 Type은 Edm Type에 대응되는 ABAP Type이 지정됩니다. DDIC를 기반으로 생성된 Entity Type인 경우 DDIC에 Data Element가 매핑되어 있다면 Data Element가 지정됩니다.

```
 1 ⊟class YCL_YGWSFLIGHT_MPC definition
 2    public
 3    inheriting from /IWBEP/CL_MGW_PUSH_ABS_MODEL
 4    create public .
 5
 6  public section.
 7
 8    types:         [ Entity Type의 Property에서 지정한 ABAP Name ]
 9 ⊟ begin of TS_HSCARR,
10      [ CARRID ]type S_CARR_ID,
11      CARRNAME type S_CARRNAME,
12    end of TS_HSCARR .
13    types:
14  TT_HSCARR type standard table of TS_HSCARR .
15    types:                    [ Edm Type에 대응되는 ABAP Type ]
16 ⊟  begin of ts_text_element,
17      artifact_name [ type c length 40, ]    " technical name
18      artifact_type  type c length 4,
19      parent_artifact_name type c length 40, " technical name
20      parent_artifact_type type c length 4,
21      text_symbol     type textpoolky,
22    end of ts_text_element .
23    types:
24         tt_text_elements type standard table of ts_text_element with key text_symbol .
25    types:
26 ⊟ begin of TS_HSPFLI,
27      CARRID type [ S_CARR_ID, ]    [ DDIC를 Import할 경우 Data Element 지정 ]
28      CONNID type S_CONN_ID,
29      CITYFROM type S_FROM_CIT,
30      CITYTO type S_TO_CITY,
31    end of TS_HSPFLI .
32    types:
33  TT_HSPFLI type standard table of TS_HSPFLI .
34    types:                    [ DDIC를 Import할 경우 DDIC를 지정 ]
35      TS_SFLIGHTENTITY type [ SFLIGHT  ].
```

▶ Data Provider Class

앞서 「III-2. SAP Gateway Project」에서 OData Model에 생성된 Entity Set은 기본적
으로 5가지 기능을 가진다고 설명드렸습니다. 실제 데이터가 저장된 SAP Table에 접
근하여 비즈니스 로직을 수행하는 기능으로 Data Provider Class를 통해 구현할 수
있습니다. YCL_YGWSFLIGHT_DPC_EXT Class로 이동합니다.

**YCL_YGWSFLIGHT_DPC Class는 Gateway Project가 Generate될 때마다 삭제됐
다 다시 생성되므로 Extension Class인 YCL_YGWSFLIGHT_DPC_EXT에 로직을 작
성해야 합니다.**

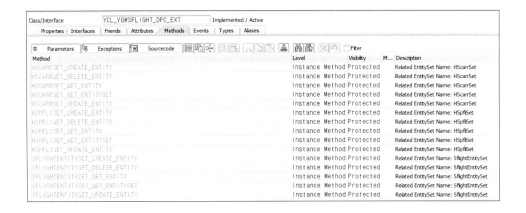

YCL_YGWSFLIGHT_DPC에서 상속받은 Method들이 있습니다. SAP Gateway Project YGWSFLIGHT는 3개의 Entity Type을 기반으로 3개의 Entity Set을 생성했는데 Data Provider Class에는 각 Entity Set마다 CREATE_ENTITY, GET_ENTITY, UPDATE_ENTITY, DELETE_ENTITY, GET_ENTITYSET Method가 자동 생성되어 있습니다. 또한 Search help를 기반으로 MDS Modeling된 HScarr와 HSpfli Entity Set은 Service Implementation을 통해 Search help와 Mapping되었는데요(앞의 「Service Implementation」 참조), 이 Mapping관계가 GET_ENTITY와 GET_ENTITYSET Method 안에 코딩되어 있습니다.

Method	HSCARRSET_GET_ENTITY		Active

```
36
37   *------------------------------------------------------------
38   *   Call to Search Help get values mechanism
39   *------------------------------------------------------------
40   * Get search help values
41   me->/iwbep/if_sb_gendpc_shlp_data~get_search_help_values(
42     EXPORTING
43       iv_shlp_name     = 'H_SCARR'
44       iv_maxrows       = lv_max_hits
45       iv_sort          = 'X'
46       iv_call_shlt_exit = 'X'
47       it_selopt        = lt_selopt
48     IMPORTING
49       et_return_list   = lt_result_list
50       es_message       = ls_message ).
51
52   *------------------------------------------------------------
53   *   Map the Search Help returned results to the caller interface - Only mapped attributes
54   *------------------------------------------------------------
55   IF ls_message IS NOT INITIAL.
56   * Call RFC call exception handling
57     me->/iwbep/if_sb_dpc_comm_services~rfc_save_log(
58       EXPORTING
59         is_return     = ls_message
60         iv_entity_type = iv_entity_name
61         it_key_tab     = it_key_tab ).
62   ENDIF.
63
64   CLEAR er_entity.
65   LOOP AT lt_result_list INTO ls_result_list.
66
67     " Move SH results to GW request responce table
68     CASE ls_result_list-field_name.
69       WHEN 'CARRID'.
70         er_entity-carrid = ls_result_list-field_value.
71       WHEN 'CARRNAME'.
```

MDS로 Modeling할 경우 추가 코딩 없이 OData Service를 생성할 수 있습니다.

SflightEntitySet처럼 Free Style Modeling으로 만들어진 Entity Set의 경우는 각 Method 안에 Exception 처리 로직만 있습니다.

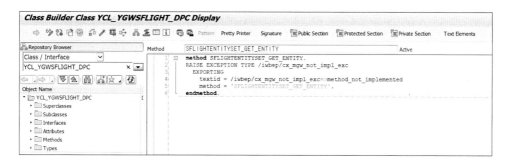

그렇기 때문에 Free Style Modeling 방식은 Data Provider Extension Class에서 관련 Method를 Redefine한 후 직접 데이터 컨트롤 로직을 작성해야만 합니다.

- GET_ENTITYSET

Filter값에 따른 1개 이상의 Entry들을 반환하는 Method입니다. 기본적으로 Filter Parameter 추출 → 호출 종류 확인 → 데이터 추출 → Paging 처리 후 반환의 단계를 거치게 됩니다.

```
METHOD sflightentityset_get_entityset.
    DATA : lt_entityset TYPE ycl_ygwsflight_mpc=>tt_sflightentity,
           ls_entity    TYPE ycl_ygwsflight_mpc=>ts_sflightentity,
           lr_carrid    TYPE RANGE OF ycl_ygwsflight_mpc=>ts_sflightentity-carrid,
           lr_connid    TYPE RANGE OF ycl_ygwsflight_mpc=>ts_sflightentity-connid,
           lr_fldate    TYPE RANGE OF ycl_ygwsflight_mpc=>ts_sflightentity-fldate.


    DATA(lo_filter) = io_tech_request_context->get_filter( ). "filter parameter object
    DATA(lt_filter_select_options) = lo_filter->get_filter_select_options( ). "filter parameter
"검색 속도 향상을 위한 최대 조회 건수
    DATA(lv_top) = io_tech_request_context->get_top( ) + is_paging-skip.


    LOOP AT lt_filter_select_options INTO DATA(ls_filter). " filter확인
      CASE ls_filter-property.
        WHEN 'CARRID'. "filter property의 abap name으로 확인(Property명 아님)
          lo_filter->convert_select_option( EXPORTING is_select_option = ls_filter
                                            IMPORTING et_select_option = lr_carrid ).
```

```abap
            WHEN 'CONNID'.
              lo_filter->convert_select_option( EXPORTING is_select_option = ls_filter
                                                IMPORTING et_select_option = lr_connid ).
            WHEN 'FLDATE'.
              lo_filter->convert_select_option( EXPORTING is_select_option = ls_filter
                                                IMPORTING et_select_option = lr_fldate ).
          ENDCASE.
        ENDLOOP.

    "호출 종류 확인
      IF io_tech_request_context->has_count( ). " 반환 entity의 전체 건수만 확인
        SELECT COUNT( * ) INTO sy-dbcnt  FROM sflight
        WHERE carrid IN lr_carrid
          AND connid IN lr_connid
          AND fldate IN lr_fldate.
        es_response_context-count = sy-dbcnt.
      ELSE." 반환 entity의 paging된 데이터 확인
        SELECT * INTO CORRESPONDING FIELDS OF TABLE lt_entityset
        UP TO lv_top ROWS "현재 page에 맞는 최대 조회 건수
        FROM sflight
        WHERE carrid IN lr_carrid
          AND connid IN lr_connid
          AND fldate IN lr_fldate
        ORDER BY carrid connid fldate.
    "현재 page에 맞는 데이터만 반환(paging)
        LOOP AT lt_entityset INTO ls_entity FROM is_paging-skip + 1.
          APPEND ls_entity TO et_entityset.
          CLEAR ls_entity.
        ENDLOOP.
      ENDIF.
    ENDMETHOD.
```

ET_ENTITYSET은 Entity Type에서 정의한 대로 MPC Class에서 Table Structure가 생성되었고 이에 맞게 Export Parameter로 생성되어 있습니다. 여기에 데이터를 입력하면 OData Service가 해당 데이터를 XML 형태로 변경하여 반환합니다.

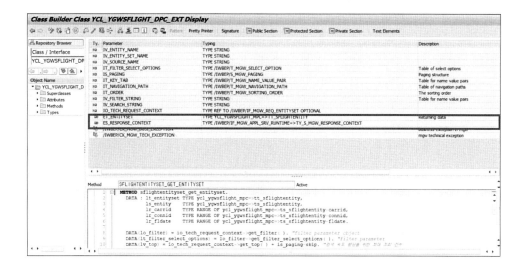

- GET_ENTITY

Key Property에 따라 1개 Entry만 반환하는 Method입니다. 보통 Key값을 확인하고 해당 Key
값에 해당하는 데이터를 반환하는 단계를 거치게 됩니다.

```abap
METHOD sflightentityset_get_entity.
   DATA ls_data TYPE sflight.


   LOOP AT it_key_tab INTO DATA(ls_key).
     CASE ls_key-name. "전달받은 key property명, 대소문자 구분 주의
       WHEN 'Carrid'. ls_data-carrid = ls_key-value.
       WHEN 'Connid'. ls_data-connid = ls_key-value.
       WHEN 'Fldate'. ls_data-fldate = ls_key-value.
     ENDCASE.
   ENDLOOP.


   "key를 바탕으로 데이터 1건 검색
   SELECT SINGLE *  INTO ls_data  FROM sflight
    WHERE carrid = ls_data-carrid
      AND connid = ls_data-connid
      AND fldate = ls_data-fldate.


   CHECK sy-subrc EQ 0.


   MOVE-CORRESPONDING ls_data TO er_entity.      "데이터 반환
 ENDMETHOD.
```

- CREATE_ENTITY

1개의 Entry를 전달받아 신규 데이터를 생성하는 Method입니다.

```
METHOD sflightentityset_create_entity.
    DATA: ls_request_input_data TYPE ycl_ygwsflight_mpc_ext=>ts_sflightentity.
    DATA ls_data TYPE sflight.
    "전달받은 입력 대상 데이터 추출
    io_data_provider->read_entry_data( IMPORTING es_data = ls_request_input_data ).
    "저장 데이터 구조로 변환
    MOVE-CORRESPONDING ls_request_input_data TO ls_data.
    "데이터 저장
    INSERT sflight FROM ls_data.
    "저장 성공 데이터 반환
    MOVE-CORRESPONDING ls_data TO er_entity.
  ENDMETHOD.
```

io_data_provider 객체를 통해 Entity Type 형태의 데이터를 전달받아 저장 대상인 Table의 형태로 데이터를 변환하여 처리합니다.

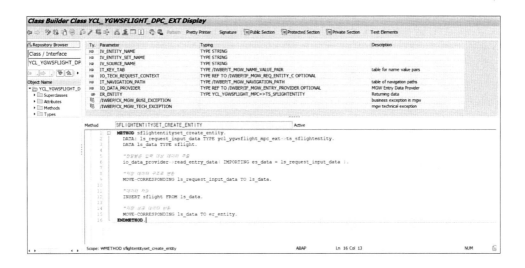

- UPDATE_ENTITY

1개의 Entry를 전달받아 Key를 기반으로 기존 데이터를 수정하는 Method입니다.

```
METHOD sflightentityset_update_entity.
    DATA: ls_request_input_data TYPE ycl_ygwsflight_mpc_ext=>ts_sflightentity.
    DATA ls_data TYPE sflight.
    "전달받은 수정 대상 데이터 추출
    io_data_provider->read_entry_data( IMPORTING es_data = ls_request_input_data ).
    "수정 데이터 구조로 변환
    MOVE-CORRESPONDING ls_request_input_data TO ls_data.
    "데이터 수정
    MODIFY sflight FROM ls_data.
    "수정 성공 데이터 반환
    MOVE-CORRESPONDING ls_data TO er_entity.
ENDMETHOD.
```

io_data_provider 객체를 통해 Entity Type 형태의 데이터를 전달받아 저장 대상인 Table의 형태로 데이터를 변환하여 처리합니다.

- DELETE_ENTITY

Key Property에 따라 1개 Entry를 삭제하는 Method입니다. 보통 Key값을 확인하고 해당 Key값에 해당하는 데이터를 삭제하는 단계를 거치게 됩니다.

```
METHOD sflightentityset_delete_entity.
    DATA ls_data TYPE sflight.

    LOOP AT it_key_tab INTO DATA(ls_key).
      CASE ls_key-name. "전달받은 key property명, 대소문자 구분 주의
        WHEN 'Carrid'. ls_data-carrid = ls_key-value.
        WHEN 'Connid'. ls_data-connid = ls_key-value.
        WHEN 'Fldate'. ls_data-fldate = ls_key-value.
      ENDCASE.
    ENDLOOP.
     "데이터 삭제
    DELETE sflight FROM ls_data.
ENDMETHOD.
```

▶ Gateway Client

지금까지 MDS Modeling과 Free Style Modeling 방식으로 OData Service를 생성해보았습니다. 이렇게 생성된 OData Service를 Gateway Client를 통해 Test해볼 수 있습니다.

툴 바의 EntitySets를 클릭하여 Gateway Project에서 생성한 Entity Set 리스트가 조회되는지 확인합니다.

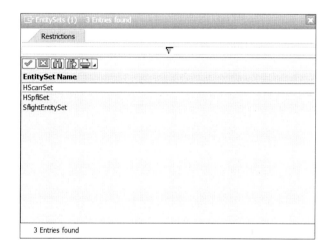

SflightEntitySet을 선택 후 Execute 버튼을 클릭해 동작 여부를 확인합니다.

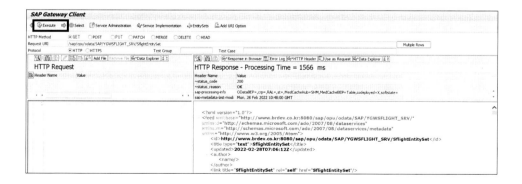

Entity Set에 속하는 모든 Entry는 Key Property값을 통하여 접근할 수 있습니다. 호출 형식은 Entity Set명(Key Property=Key값)의 형태입니다.

/sap/opu/odata/SAP/YGWSFLIGHT_SRV/SflightEntitySet(Carrid='AA',Connid='0017',Fldate=datetime' 2021-01-16T00%3A00%3A00')

SAP Gateway Client의 HTTP 호출 Method를 변경하여 CREATE_ENTITY, DELETE_ENTITY, UPDATE_ENTITY를 호출할 수 있습니다. 예를 들어 HTTP MERGE Method를 통해 UPDATE_ENTITY를 호출하기 위해서는 HTTP Method를 MERGE로 변경하고 Request URI를 대상 Entry의 값들로 지정한 다음 HTTP Request 영역에 데이터를 입력하면 됩니다.

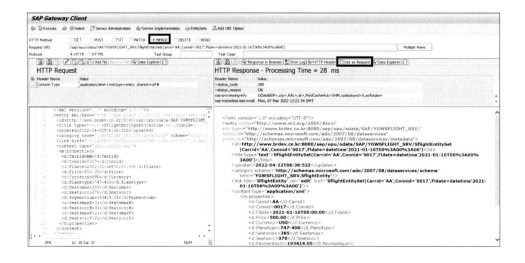

UPDATE_ENTITY Method에 External debugger를 설정하여 Debugging할 수 있습니다.

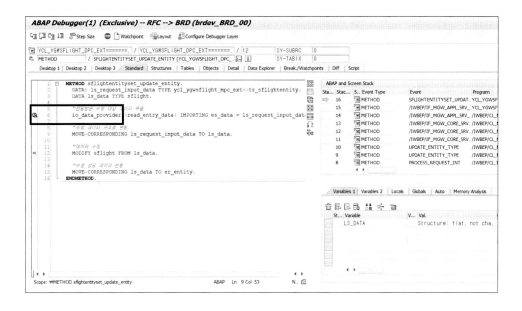

- Metadata

OData Model의 Entity Type, Entity Sets의 Property와 각종 속성들을 Metadata를 통해 확인할 수 있습니다. Fiori App 등은 이 Metadata를 통해서 데이터 구조를 확인하고, 이후 필요에 따라 URI 요청을 보내 필요한 데이터를 송수신하게 됩니다.

SAP Gateway Client의 Add URI Option 버튼을 클릭하고 metadata를 선택하여 Execute 버튼을 클릭하면 Metadata가 반환됩니다.

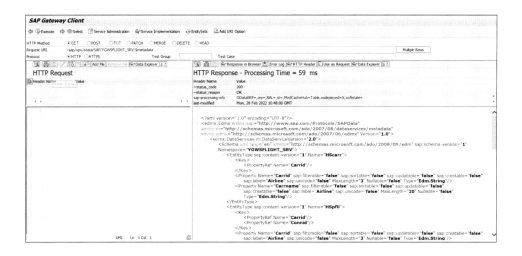

OData Service가 모두 개발되었습니다. 이제 이 OData Service를 이용하는 Fiori App을 개발해보겠습니다. Fiori App은 WebIDE를 사용하여 List Report 형태로 개발합니다.

WebIDE에 접속하고 신규 SAPUI5 Project를 생성합니다. Template를 통해 SAPUI5 Project를 생성할 수도 있지만 여기는 이해를 돕기 위해 직접 폴더와 파일을 생성하면서 만들어보도록 하겠습니다.

▶ manifest.json

YSFLIGHT 폴더에 마우스 오른쪽 클릭을 하고 New → File을 선택하여 manifest. json 파일을 생성합니다.

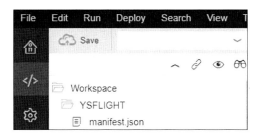

manifest.json 파일은 Fiori Project의 각종 설정값들을 json 형태로 관리할 수 있는 파일입니다. version, title, dataSource, routing 등 Fiori App이 동작함에 있어 필요한 설정값을 작성합니다.

```json
{
    "_version": "1.7.0",
    "sap.app": {
        "id": "ysflight",
        "type": "application",
        "i18n": "i18n/i18n.properties",
        "applicationVersion": {
            "version": "1.0.0"
        },
        "title": "{{appTitle}}",
        "description": "{{appDescription}}",
        "dataSources": {
            "MAIN_SRV": {
                "uri": "/sap/opu/odata/sap/YGWSFLIGHT_SRV/",
                "type": "OData",
                "settings": {   "odataVersion": "2.0"           }
            }
        }
    },
    "sap.ui": {
```

```
            "technology": "UI5",
            "fullWidth": true,
            "deviceTypes": { "desktop": true, "tablet": true,    "phone": true },
            "supportedThemes": [ "sap_hcb", "sap_belize" ]
        },
        "sap.ui5": {
            "rootView": {
                "viewName": "ysflight.view.App",
                "type": "XML"
            },
            "dependencies": {
                "minUI5Version": "1.30.0",
                "libs": { "sap.m": {}, "sap.ui.core": {} }
            },
            "contentDensities": { "compact": true,   "cozy": true },
            "models": {
                "": {
                    "type": "sap.ui.model.odata.v2.ODataModel",
                    "settings": {
                        "defaultCountMode": "Request",
                        "defaultOperationMode": "Server",
                        "defaultBindingMode": "TwoWay",
                        "refreshAfterChange": "true"
                    },
                    "dataSource": "MAIN_SRV",
                    "preload": false
                },
                "i18n": {
                    "type": "sap.ui.model.resource.ResourceModel",
                    "settings": {
                        "bundleName": "ysflight.i18n.i18n"
                    }
                }
            },
            "routing": {
                "config": {
                    "routerClass": "sap.m.routing.Router",
                    "viewType": "XML",
                    "controlAggregation": "pages",
```

```
                "viewPath": "ysflight.view",
                "controlId": "APP_ID"
            },
            "routes": [ { "name": "List",    "pattern": "", "target": "List"}],
            "targets": {
                "List": { "viewId": "List", "viewName": "List" }
            }
        }
    }
}
```

- id

Fiori App id입니다. br.test.ysfligth와 같이 Name Space를 지정할 수 있습니다. 반드시 소문자
로만 구성되어야 합니다(Fiori Launchpad의 cache buster 기능과 연관이 있습니다).

- i18n

Fiori App에서 사용할 언어별 Label과 Text, Message 등을 관리하는 다국어 지원 파일입니다.
여기서 i18n/i18n.properties라고 지정했으므로 i18n이란 폴더를 생성하고 i18n.properties 파일
도 생성합니다.

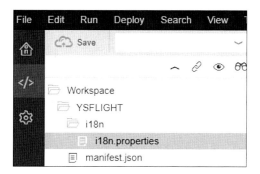

- title

Fiori App이 실행될 때 브라우저 상단의 제목입니다.

- description

Fiori App의 설명입니다.

title과 description을 i18n에 지정합니다.

```
appTitle=Walkthrough into Fiori
appDescription=Fiori Demo
```

- dataSources

Fiori App이 바라볼 Data Source들을 정의합니다. 여기선 앞서 생성한 OData Service YGWSFLIGHT_SRV를 URI로 지정하고 id를 "MAIN_SRV"로 입력했습니다.

- rootView

Fiori App이 실행될 때 가장 처음 호출될 View를 지정합니다. 지정한 대로 App View를 생성합니다. App View는 다른 View들이 Routing될 기본 Outline Layout을 제공합니다(App Control).

```
<mvc:View xmlns:mvc="sap.ui.core.mvc" xmlns="sap.m" displayBlock="true">
    <App id="APP_ID"></App>
</mvc:View>
```

- models

dataSources를 기반으로 model을 선언하여 이후 View나 Controller 등에서 사용할 수 있게 합니다. Model id가 ""(빈 값)이면 Default Model로 View나 Controller 등에서 따로 명명 없이 Default Model에 접근할 수 있습니다. i18n model은 이전에 선언한 i18n 파일을 기반으로 정의되었습니다.

- routing

View들 간의 이동을 정의합니다. config에서는 routing의 전체 속성을 정의하는데 여기서 con-trolId는 rootView의 App Control의 id입니다. 즉, 이후 모든 View들은 App View의 App Control(APP_ID) 안에서 보여지고 페이지(View) 이동을 하게 됩니다. route는 routing할 규칙을 정의하고 target은 실제 routing될 View를 지정합니다. List View를 지정했으므로 List View를 생성합니다. Fiori App Project에 "마우스 오른쪽 클릭 → New → SAPUI5 View"를 선택하여 List View를 생성합니다. SAPUI5 View를 생성하면 자동으로 View와 대응되는 Controller도 생성됩니다.

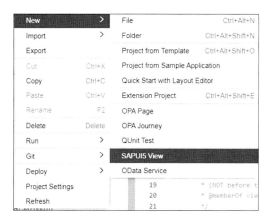
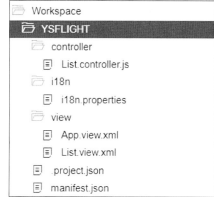

- List.view.xml

```xml
<mvc:View xmlns:core="sap.ui.core" xmlns:mvc="sap.ui.core.mvc" xmlns="sap.m"
controllerName="ysflight.controller.List"
    xmlns:html="http://www.w3.org/1999/xhtml">
    <Page title="Title">
        <content></content>
    </Page>
</mvc:View>
```

- List.controller.js

```javascript
sap.ui.define([
    "sap/ui/core/mvc/Controller"
], function(Controller) {
    "use strict";
    return Controller.extend("ysflight.controller.List", {
    });
});
```

▶ Component.js

Fiori App은 Fiori Launchpad를 통해서만 실행됩니다. Fiori Launchpad는 각 Fiori App을 하나의 Component로 인식하고 Component.js 파일을 실행하게 됩니다. 즉, Component.js가 Fiori App의 시작점입니다.

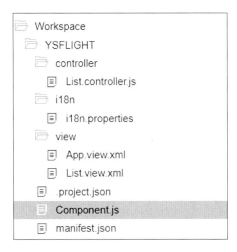

```
sap.ui.define([
    "sap/ui/core/UIComponent"
], function(UIComponent) {
    "use strict";
    return UIComponent.extend("ysflight.Component", {
        metadata: {
            manifest: "json"
        },
        init: function() {
            // call the base component's init function
            UIComponent.prototype.init.apply(this, arguments);

            // enable routing
            this.getRouter().initialize();
        }
    });
});
```

metadata로 json 형태의 manifest를 지정했습니다. 위에서 생성한 manifest.json 파일의 내용입니다.

- init

Component.js가 실행될 때 가장 먼저 호출되는 함수입니다. Base Component인 UIComponet의 init 함수를 호출(상속)했고 routing을 초기화했습니다. 이로써 manifest.json에서 선언한 routing의 내용을 사용할 수 있게 되었습니다. Fiori App은 Root View인 App.view.xml을 호출한 다음 routing 설정에 따라 List.view.xml로 Routing하게 되어 List View가 출력되게 됩니다. 또한 List.view.xml에 연결된 List.controller.js의 onInit 함수가 순차적으로 실행되게 됩니다.

▶ neo-app.json

개발 환경에서 Fiori App을 실행할 때 각종 path의 절대 위치를 변환할 때 사용되는 파일입니다. 주로 OData 경로와 SAPUI5 Root 경로를 변환하는 세팅을 합니다.

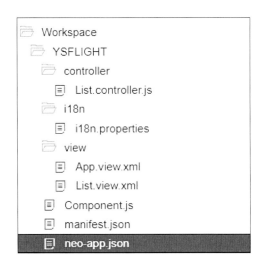

```json
{
  "routes": [
    {
      "path": "/sap/opu/odata",
      "target": {
        "type": "destination",
        "name": "SYSID",
        "entryPath": "/sap/opu/odata"
      },
      "description": "SYSID"
    },
    {
      "path": "/sap/bc/ui5_ui5",
      "target": {
        "type": "destination",
        "name": "SYSID",
        "entryPath": "/sap/bc/ui5_ui5"
      },
      "description": "SYSID"
    },
    {
      "path": "/sap/opu/odata",
      "target": {
        "type": "service",
        "name": "sapui5",
        "entryPath": "/resources",
        "version": "1.71.46"
```

```
        },
        "description": "SAPUI5 Resources"
      },
      {
        "path": "/test-resources",
        "target": {
          "type": "service",
          "name": "sapui5",
          "entryPath": "/test-resources",
          "version": "1.71.46"
        },
        "description": "SAPUI5 Test Resources"
      }
    ]
}
```

- "SYSID"

SAP Front End System(FES)과 연결 설정에서 지정한 파일명으로 입력합니다(「I -4. 개발 Tool 준비」 참조).

manifest.json에서 설정한 dataSource의 경우 MAIN_SRV의 URI가 /sap/opu/odata/sap/로 시작하기 때문에 neo-app.json에 설정한 값에 따라 FES의 /sap/opu/odata/sap 경로로 변환되어 OData Service YGWSFLIGHT_SRV를 찾아가게 됩니다.

▶ List(Query)

DynamicPage Control 안에 SmartVariantManagement, SmartFilterBar, SmartTable을 사용하여 YGWSFLIGHT_SRV OData Service의 SflightEntitySet의 데이터를 Listing하는 List View를 구성해보겠습니다.

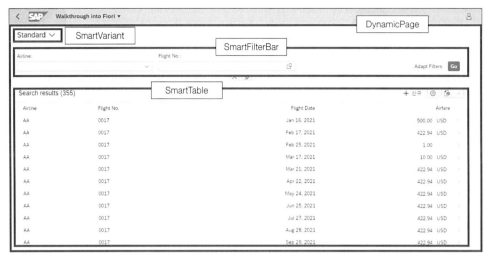
최종 결과 화면

- DynamicPage

View의 Layout을 생성할 수 있는 Control들 중 Header와 Contents가 나누어져 있고 Header 부분이 Dynamic하게 접혔다 펼쳐지는 Page Layout Control입니다.

List.view.xml 파일 Name Space에 sap.f를 추가하고 자동 생성되었던 Page Control 대신 DynamicPage Control을 추가합니다. f는 Fiori의 약자로 Fiori에서 특화된 SAPUI5 Control들 이 모여 있습니다.

```xml
<mvc:View xmlns:core="sap.ui.core" xmlns:mvc="sap.ui.core.mvc" xmlns="sap.m" xmlns:f="sap.f"
 controllerName="ysflight.controller.List" xmlns:html="http://www.w3.org/1999/xhtml">
    <f:DynamicPage showFooter="false">
        <f:title>
            <f:DynamicPageTitle>
                <f:heading></f:heading>
            </f:DynamicPageTitle>
        </f:title>
        <f:header>
            <f:DynamicPageHeader>
                <f:content></f:content>
            </f:DynamicPageHeader>
        </f:header>
        <f:content></f:content>
    </f:DynamicPage>
    <!--<Page title="Title">-->
    <!-- <content></content>-->
    <!--</Page>-->
</mvc:View>
```

- SmartVariantManagement

사용자별로 SmartTable과 SmartFilterBar의 설정값을 Variant로 관리하고 필요에 따라 적용할 수 있습니다. 이런 기능을 지원하는 Control이 SmartVariantManagement Control입니다. Name Space에 sap.ui.comp.smartvariants를 추가하고 DynamicPageTitle에 SmartVariant-Management를 추가합니다.

```
<mvc:View xmlns:core="sap.ui.core" xmlns:mvc="sap.ui.core.mvc" xmlns="sap.m" xmlns:f="sap.f"
xmlns:sv="sap.ui.comp.smartvariants" controllerName="ysflight.controller.List"
xmlns:html="http://www.w3.org/1999/xhtml">
…
<f:DynamicPage showFooter="false">
    <f:title>
        <f:DynamicPageTitle>
            <f:heading>
                <sv:SmartVariantManagement id="idSmartVariant"
                persistencyKey="SmartFilter_Variant"
                showShare="true"
                showExecuteOnSelection="true"/>
            </f:heading>
        </f:DynamicPageTitle>
    </f:title>
…
```

"…"은 기존에 작성되어 있던 소스코드들입니다.

- SmartFilterBar

검색 조건을 입력받을 수 있는 Filter Control들의 집합 Control입니다. 사용자는 필요에 따라 검색 조건 추가·삭제·위치 조정을 할 수 있습니다. Name Space에 sap.ui.comp.smartfilterbar를 추가하고 DynamicPageHeader에 SmartFilterBar를 추가합니다.

```
<mvc:View xmlns:core="sap.ui.core" xmlns:mvc="sap.ui.core.mvc" xmlns="sap.m" xmlns:f="sap.f"
xmlns:smartFilterBar="sap.ui.comp.smartfilterbar" xmlns:sv="sap.ui.comp.smartvariants"
controllerName="ysflight.controller.List" xmlns:html="http://www.w3.org/1999/xhtml">
…
<f:DynamicPageHeader>
    <f:content>
        <smartFilterBar:SmartFilterBar id="idSmartFilterBar" useToolbar="false"
        smartVariant="idSmartVariant" entitySet="SflightEntitySet"
        persistencyKey="SmartFilter_Explored"/>
    </f:content>
</f:DynamicPageHeader>
…
```

☑ **smartVariant**: 위에서 선언한 SmartVariantManagement Control의 id를 입력합니다. 이후 SmartFilterBar에서 설정한 검색 조건 등이 SmartVariantManagement Control에서 연동·관리될 수 있습니다.

☑ **entitySet**: OData Service YGWSFLIGHT_SRV에서 생성한 Entity Set명입니다. YGWS-FLIGHT_SRV는 앞서 「manifest.json」에서 dataSource로 선언되고 Default Model로 지정되었기 때문에 모든 View는 추가적인 작업 없이 Default Model을 참조하게 됩니다.

☑ **persistencyKey**: SmartVariantManagement Control이 SmartFilterBar에 접근하기 위한 Key입니다.

- SmartTable

검색결과를 Listing해주는 List Control입니다. 사용자는 필요에 따라 출력할 Column들에 대해 추가·삭제·위치 조정을 할 수 있습니다. Name Space에 sap.ui.comp.smarttable을 추가하고 DynamicPageContent에 SmartTable을 추가합니다.

```
<mvc:View xmlns:core="sap.ui.core" xmlns:mvc="sap.ui.core.mvc" xmlns="sap.m" xmlns:f="sap.f"
xmlns:smartFilterBar="sap.ui.comp.smartfilterbar" xmlns:sv="sap.ui.comp.smartvariants"
xmlns:smartTable="sap.ui.comp.smarttable" controllerName="ysflight.controller.List"
xmlns:html="http://www.w3.org/1999/xhtml">
…
        <f:content>
            <smartTable:SmartTable id="idSmartTable" entitySet="SflightEntitySet"
            smartFilterId="idSmartFilterBar" useExportToExcel="true"
            useVariantManagement="true"
            useTablePersonalisation="true" smartVariant="idSmartVariant"
            header="{i18n>listHeaderTitle}" tableType="ResponsiveTable"
            enableAutoBinding="true" class="sapUiResponsiveContentPadding"
            showRowCount="true" demandPopin="true"/>
        </f:content>
    </f:DynamicPage>
</mvc:View>
```

☑ **entitySet**: OData Service YGWSFLIGHT_SRV에서 생성한 Entity Set명입니다.

☑ **smartFilterId**: 위에서 선언한 SmartFilterBar Control의 id를 입력합니다. App이 실행되면 SmartFilterBar Control의 검색 조건과 검색 실행 Event가 SmartTable Control과 연동됩니다.

☑ **smartVariant**: 위에서 선언한 SmartVariantManagement Control의 id를 입력합니다. 이후 SmartTable Control에서 설정한 출력 Column 등이 SmartVariantManagement Control에서 연동·관리될 수 있습니다.

☑ **useExportToExcel**: 출력된 리스트를 Excel 파일로 Export할 수 있습니다.

☑ **tableType**: SmartTable Control은 총 4가지 형태의 Listing을 할 수 있습니다. ResponsiveTable, Table, AnalyticalTable, TreeTable입니다.

☑ **showRowCount**: SmartTable Header 영역에 검색된 데이터 건수를 표시할지 지정합니다. true로 할 경우 SmartTable Control은 전체 데이터 건수 확인을 위해 OData Service의 GET_ENTITYSET Method를 추가로 호출합니다(전체 건수 확인을 위한 호출과 Paging된 데이터 리스트를 위한 호출).

☑ **enableAutoBinding**: SmartTable Control이 처음 Load됐을 때 자동으로 Listing을 수행할지를 지정합니다. false로 지정할 경우 Controller에서 직접 데이터 Binding 로직을 작성해야 합니다.

▶ Annotation

지금까지 개발한 Fiori App을 실행해봅니다. 실행결과를 보면 아무런 검색 조건과 출력 Column이 없는 것을 확인할 수 있습니다. 사용자는 SmartFilterBar Control의 필터 적용 버튼과 SmartTable Control의 설정 버튼(톱니바퀴 모양)을 클릭하여 검색 조건과 출력 Column을 지정할 수 있습니다.

검색 조건으로 사용할 *Filter Property* 지정

출력 Column으로 사용할 Display Property 지정

이러한 설정을 사용자가 직접 하지 않아도 되도록, 개발자는 Annotation을 통해 Default 화면 구성을 미리 지정할 수 있습니다. SAPUI5 Project에 model 폴더를 새로 생성하고 model 폴더에서 "마우스 오른쪽 클릭 → New → Annotation File"을 선택하여 Annotation 파일을 생성합니다. 파일명을 annotation으로 하고 OData Service 는 manifest.json에서 선언한 dataSource인 "MAIN_SRV"로 지정합니다.

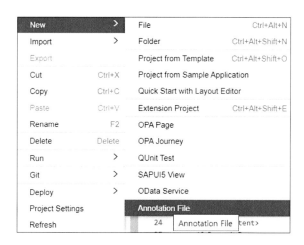

annotation.xml 파일이 만들어지고, manifest.json 파일의 dataSources 항목에 annotation 관련 노드가 자동으로 추가됩니다.

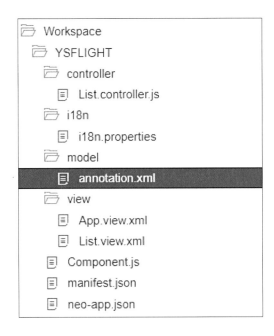

```
manifest.json  ×
10              "title": "{{appTitle}}",
11              "description": "{{appDescription}}",
12 ▾            "dataSources": {
13 ▾                "MAIN_SRV": {
14                      "uri": "/sap/opu/odata/sap/YGWSFLIGHT_SRV/",
15                      "type": "OData",
16 ▾                    "settings": {
17                          "odataVersion": "2.0",
18 ▾                        "annotations": [
19                              "annotation"
20                          ]
21                      }
22                  },
23 ▾              "annotation": {
24                      "type": "ODataAnnotation",
25                      "uri": "model/annotation.xml",
26 ▾                    "settings": {
27                          "localUri": "model/annotation.xml"
28                      }
29                  }
30              }
31          },
```

annotation.xml 파일에 SmartFilterBar Control에서 default 검색 조건으로 사용할 Property를 지정합니다.

```xml
…
<edmx:DataServices>
    <Schema xmlns="http://docs.oasis-open.org/odata/ns/edm">
        <Annotations Target="YGWSFLIGHT_SRV.SflightEntity">
            <Annotation Term="UI.SelectionFields">
                <Collection>
                    <PropertyPath>Carrid</PropertyPath>
                    <PropertyPath>Connid</PropertyPath>
                </Collection>
            </Annotation>
        </Annotations>
    </Schema>
</edmx:DataServices>
…
```

dataSource YGWSFLIGHT_SRV의 SflightEntity에 대하여 Property인 Carrid와 Connid를 설정하면 실행화면에 2개의 검색 조건이 Default로 출력되는 것을 확인할 수 있습니다.

검색 조건으로 사용할 수 있는 Property는 OData Model의 Entity Type에서 Filter로 설정된 Property들입니다.

4개의 Property가 Filter로 사용 가능하게 설정되어 있습니다.

annotation에서 Default Filter로 지정하지 않은 Property Fldate와 Planetype은 사용자가 SmartFilterBar Control의 필터 적용 버튼을 클릭하여 추가로 지정하여 사용할 수 있습니다.

SmartTable Control에서 Default Column으로 출력할 Property를 지정합니다.

```
...
<Annotations Target="YGWSFLIGHT_SRV.SflightEntity">
    <Annotation Term="UI.SelectionFields">
        <Collection>
            <PropertyPath>Carrid</PropertyPath>
            <PropertyPath>Connid</PropertyPath>
        </Collection>
    </Annotation>
    <Annotation Term="UI.LineItem">
        <Collection>
            <Record Type="UI.DataField">
                <PropertyValue Property="Value" Path="Carrid"/>
            </Record>
            <Record Type="UI.DataField">
                <PropertyValue Property="Value" Path="Connid"/>
            </Record>
            <Record Type="UI.DataField">
                <PropertyValue Property="Value" Path="Fldate"/>
            </Record>
            <Record Type="UI.DataField">
                <PropertyValue Property="Value" Path="Price"/>
            </Record>
        </Collection>
    </Annotation>
</Annotations>
...
```

dataSource YGWSFLIGHT_SRV의 SflightEntity에 대하여 Property인 Carrid와
Connid, Fldate, Price를 설정하면 결과 화면에 4개의 Column이 Default로 출력되는
것을 확인할 수 있습니다.

▶ 출력양식 변경

- Date Type

Property Fldate는 SFLIGHT Table에서는 Date Type이지만 Fiori App에서는 Timestamp 타입으로 출력되고 있습니다. Edm Type에는 Date란 Type이 없기 때문입니다. Date Type으로 변경하여 출력하기 위해서는 Property의 "display-format" Option을 "Date"로 지정해서 Metadata에 표시해줘야 Fiori App이 정상 인식하고 Date Type으로 출력합니다. 하지만 SAP Gateway Service Builder에는 property의 display-format Option을 지정하는 곳이 없습니다. 이럴 때 Model Provider Class에서 직접 코딩으로 OData Model을 수정할 수 있습니다.

이 책은 SAP Fiori와 OData full stack 가이드입니다. 실습 단계에 따라 Fiori App과 OData Model을 번갈아서 함께 수정해나갈 예정입니다.

SAP Gateway Service Builder에서 Model Provider Extension Class로 이동합니다.

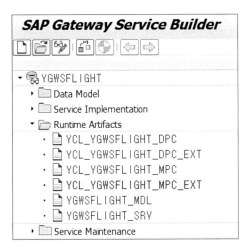

YCL_YGWSFLIGHT_MPC_EXT Class의 DEFINE Method를 Redefine합니다.

```
METHOD define.
  super->define( ).

  DATA(lo_entity_type) = model->get_entity_type( iv_entity_name = 'SflightEntity' ).
  DATA(lo_property) = lo_entity_type->get_property( iv_property_name = 'Fldate' ).
  DATA(lo_odata_annotation) = lo_property-
>/iwbep/if_mgw_odata_annotatabl~create_annotation( /iwbep/if_mgw_med_odata_types=>gc_sap_namespace ).
  lo_odata_annotation->add( iv_key = 'display-format' iv_value = 'Date' ).
ENDMETHOD.
```

SflightEntity에 있는 Fldate Property의 display-format을 Date로 변경합니다. 정상적으로 변경되었는지 SAP Gateway Client에서 Metadata를 확인합니다.

Metadata가 변경됐으면 Fiori App에서 Fldate가 Date 형식으로 출력되는 것을 확인할 수 있습니다.

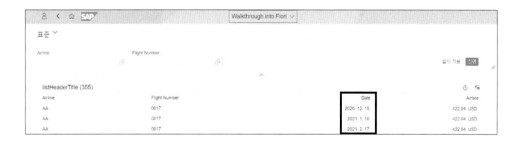

- Currency

출력된 Airfare(Price property)를 보면 금액 뒤에 통화(Currency Property)가 표시되어 있는 것을 확인할 수 있습니다. 이는 OData Model의 Metadata에 Price Propery "sap:unit" 속성이 Currency Property로 지정되어 있기 때문입니다. 이는 Currency Property에 sap:semantics 속성 값이 currency-code로 지정되어 있는 것과 연관이 있습니다.

통화가 금액과 함께 표시되고 있습니다.

```
    </EntityType>
  - <EntityType sap:content-version="1" Name="SflightEntity">
    - <Key>
        <PropertyRef Name="Carrid"/>
        <PropertyRef Name="Connid"/>
        <PropertyRef Name="Fldate"/>
      </Key>
      <Property Name="Carrid" sap:sortable="false" sap:label="Airline" sap:unicode="false" MaxLength="3"
        Nullable="false" Type="Edm.String"/>
      <Property Name="Connid" sap:sortable="false" sap:label="Flight Number" sap:unicode="false" MaxLength="4"
        Nullable="false" Type="Edm.String"/>
      <Property Name="Fldate" sap:sortable="false" sap:label="Date" sap:unicode="false" Nullable="false"
        Type="Edm.DateTime" sap:display-format="Date" Precision="7"/>
      <Property Name="Price" sap:filterable="false" sap:sortable="false" sap:label="Airfare" sap:unicode="false"
        Nullable="false" Type="Edm.Decimal" Precision="16" sap:unit="Currency" Scale="3"/>
      <Property Name="Currency" sap:filterable="false" sap:sortable="false" sap:label="Airline Currency"
        sap:unicode="false" MaxLength="5" Nullable="false" Type="Edm.String" sap:semantics="currency-code"/>
      <Property Name="Planetype" sap:sortable="false" sap:label="Plane Type" sap:unicode="false" MaxLength="10"
        Nullable="false" Type="Edm.String"/>
```

SAP Gateway Service Builder에서 SflightEntity를 확인합니다. Price Property의 "ABAP Type Editor" 버튼을 클릭해보면 CURRENCY 필드가 "Semantic" 속성에 "Currency Amount" 로 지정되어 있고, 이로 인해 OData Model의 Metadata에 추가되어 있게 됩니다.

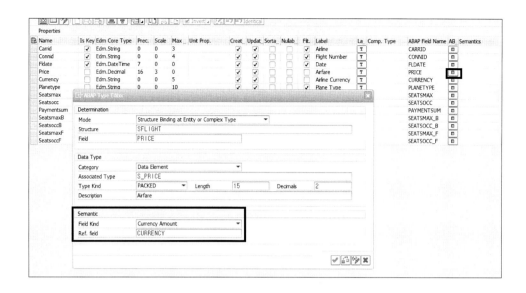

"ABAP Type Editor"에 Currency 관련 세팅이 되어 있는 이유는 SflightEntity가 SFLIGHT Table을 Import하여 생성되었고, SFLIGHT Table에는 PRICE 필드의 UNIT 필드가 CURRENCY 필드로 설정되어 있기 때문입니다.

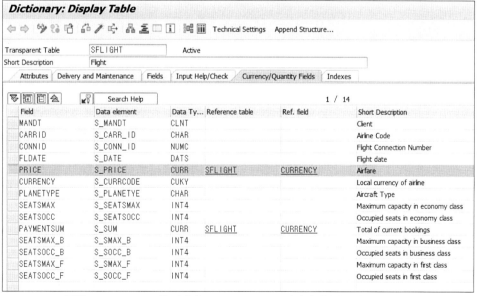

적절한 OData Modeling을 위해서는 ABAP Dictionary 생성 단계부터 고민이 필요합니다.

- Label 변경

SmartTable Control에 header 속성을 "{i18n>listHeaderTile}"로 지정했습니다. manifest.json 에서 i18n이란 model을 i18n.properties 파일 기반으로 선언했고, View에서는 이 i18n.proper-ties 파일에 접근하기 위해 모델명인 "i18n"과 하위 path를 나타내는 ">"를 합쳐서 "i18n>"를 사용할 수 있습니다.

```
…
<smartTable:SmartTable id="idSmartTable" entitySet="SflightEntitySet"
 smartFilterId="idSmartFilterBar" useExportToExcel="true" header="{i18n>listHeaderTitle}"
tableType="ResponsiveTable" showRowCount="true" enableAutoBinding="true"
class="sapUiResponsiveContentPadding" demandPopin="true"/>
…
```

- i18n.properties에 새로운 Text Element인 listHeaderTitle을 추가합니다.

```
appTitle=Walkthrough into Fiori
appDescription=Fiori Demo

#List
listHeaderTitle=검색결과
```

SmartTable의 Header Text가 변경된 것을 확인할 수 있습니다.

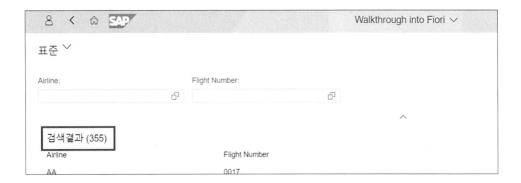

SflightEntity의 Property Label을 변경합니다.

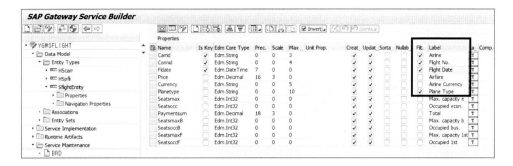

Gateway Project를 Generate한 후 Metadata를 확인해보면 Carrid, Connid, Fldate의 sap:label 속성값이 변경된 것을 확인할 수 있습니다.

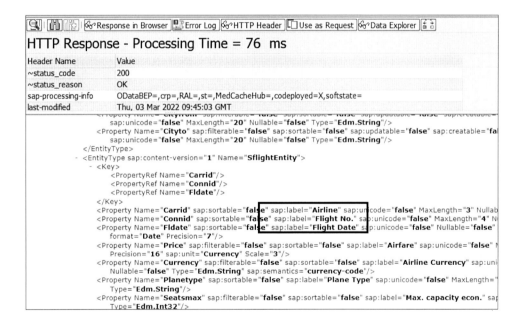

Fiori App에서도 변경된 Label이 반영됩니다.

▶ 다국어 지원

i18n.properties 파일을 언어별로 생성하면 브라우저의 언어 또는 사용자 지정에 따라 다국어를 지원할 수 있습니다. i18n_[언어키].properties와 같이 언어별로 i18n.properties 파일을 생성합니다.

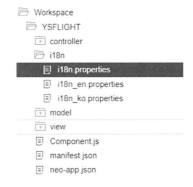

브라우저의 언어 설정이나 sap-language=EN 등 URI Parameter 지정값에 따라 해당 언어의 i18n 파일이 사용됩니다.

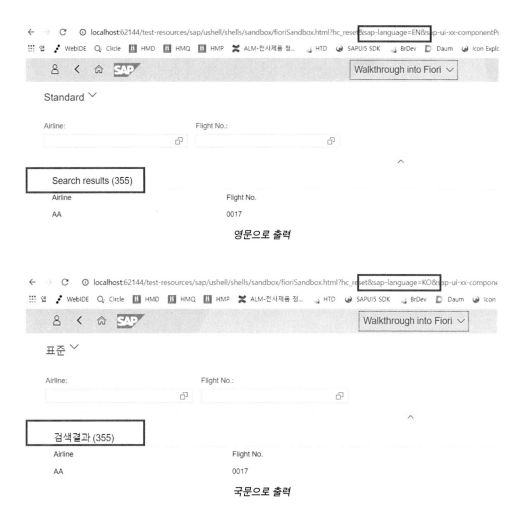

i18n에는 우선순위가 있습니다. 호출되는 Text Element가 i18n_[언어키].properties 파일에 없는 경우 i18n.properties 파일의 Text Element를 사용합니다.

```
i18n_en.properties  ×
1    appTitle=Walkthrough into Fiori
2    appDescription=Fiori Demo
3
4    #List
5    #listHeaderTitle=Search results
```

영문 i18n에서 listHeaderTitle Text Element 주석 처리

공통 i18n

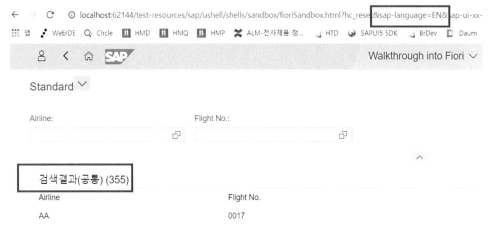

sap-language=EN을 지정해도 공통 i18n의 Text Element가 사용됩니다.

SmartFilterBar Control의 검색 조건 Label과 SmartTable Control의 Column Label 은 OData Model의 Label에 대한 다국어 설정을 해야 합니다. Model Provider Class 에서 상단 메뉴 "Goto → Translation"을 클릭하여 변환할 Target language를 지정하고 언어 변환을 실행합니다.

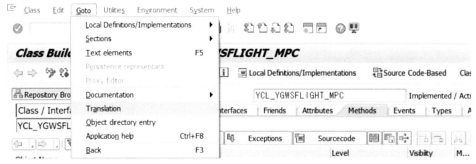

Model Provider Extension Class가 아닌 Model Priver Class입니다.

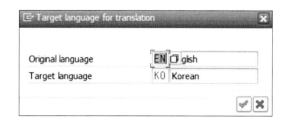

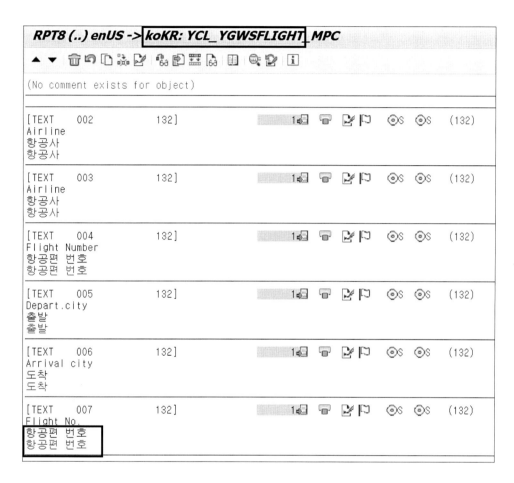

Metadata에서 Label이 변경되었는지 확인합니다.

Fiori App에서 Label이 변경되었는지 확인합니다.

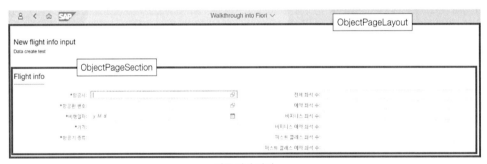

검색결과 (355)

Fluggesellschaft	항공편 번호	비행일자
AA	0017	2020. 12. 15.
AA	0017	2021. 1. 16.
AA	0017	2021. 2. 17.
AA	0017	2021. 2. 25.

▶ Create

OData Model을 Binding한 SmartTable은 In-Line 추가 기능을 지원하지 않기 때문에 신규 데이터를 생성하기 위해선 View나 Popup Dialog를 생성하여 해당 기능을 구현하여야 합니다. 여기선 ObjectPageLayout 안에 ObjectPageSection이 있는 Create View를 생성하여 신규 데이터 생성 기능을 구현해봅니다.

최종 결과 화면

SAPUI5 Project에 Create.view.xml이라는 SAPUI5 View를 신규 생성합니다. Create. controller.js도 함께 생성됩니다.

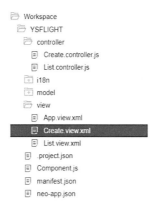

- 이벤트 버튼 생성

List.view.xml의 SmartTable Control Header에 신규 버튼을 생성하고 클릭 Event Handler를 작성합니다.

```
…
<smartTable:SmartTable id="idSmartTable" ….>
    <smartTable:customToolbar>
        <Toolbar>
            <ToolbarSpacer/>
            <Button icon="sap-icon://add" text="{i18n>btnNew}"
            press="handleNew" type="Transparent" />
        </Toolbar>
    </smartTable:customToolbar>
</smartTable:SmartTable>
…
```

버튼이 추가된 화면

- 버튼 클릭 이벤트 처리

List.controller.js에 manifest.json에서 설정한 Routing대로 Create.view.xml로 이동하는 Event Handler를 생성합니다.

```javascript
sap.ui.define([
    "sap/ui/core/mvc/Controller"
], function(Controller) {
    "use strict";
    return Controller.extend("ysflight.controller.List", {
        handleNew:function(){
            this.getOwnerComponent().getRouter().navTo("Create", null, false);
        }
    });
});
```

manifest.json에 Create 관련 Routing 설정을 추가합니다.

```json
…
"routes": [
    {"name": "List", "pattern": "", "target": "List"
    },
    {
        "name": "Create",
        "pattern": "Create",
        "target": "Create"
    }
],
"targets": {
    "List": { "viewId": "List",
        "viewName": "List"
    },
    "Create": {
        "viewId": "Create",
        "viewName": "Create"
    }
}
…
```

List View에서 Add 버튼을 클릭하면 manifest.json의 route에 설정한 Pattern인 Create로 URI가 생성되면서 Create.view.xml로 이동됩니다.

- ObjectPageLayout

데이터 입력·수정·상세 보기를 위한 Page Layout Control 중 Header와 Contents가 나누어져 있고, Contents는 다시 Section들로 구분되어 있는 Control입니다.

Fiori Design Guideline: **https://experience.sap.com/fiori-design-web/object-page/**

Create.view.xml에 Name Space sap.uxap를 추가합니다. uxap는 ObjectPage와 관련된 SAPUI5 Control들이 모여 있습니다. 기존 App과 Page Control 대신 ObjectPageLayout Control을 추가합니다.

```xml
<mvc:View xmlns:core="sap.ui.core" xmlns:mvc="sap.ui.core.mvc" xmlns="sap.m"
 xmlns:uxap="sap.uxap" controllerName="ysflight.controller.Create"
xmlns:html="http://www.w3.org/1999/xhtml">
    <uxap:ObjectPageLayout enableLazyLoading="true" showTitleInHeaderContent="true">
        <uxap:headerTitle>
            <uxap:ObjectPageHeader objectTitle="{i18n>newTitle}"
            objectSubtitle="{i18n>newSubTitle}"
            isObjectIconAlwaysVisible="false" isObjectTitleAlwaysVisible="false"
            isObjectSubtitleAlwaysVisible="false">
            </uxap:ObjectPageHeader>
        </uxap:headerTitle>
        <uxap:sections>
            <uxap:ObjectPageSection titleUppercase="false" title="">
                <uxap:subSections>
                    <uxap:ObjectPageSubSection title="">
                    </uxap:ObjectPageSubSection>
                </uxap:subSections>
            </uxap:ObjectPageSection>
        </uxap:sections>
```

```
        </uxap:ObjectPageLayout>
    <!--<App>-->
    <!-- <pages>-->
    <!--      <Page title="Title">-->
    <!--           <content></content>-->
    <!--      </Page>-->
    <!-- </pages>-->
    <!--</App>-->
</mvc:View>
```

i18n을 이용하여 newTitle과 newSubTitle을 생성합니다.

```
…
#List
listHeaderTitle=검색결과

#Create
newTitle=New flight info input
newSubTitle=Data create test
```

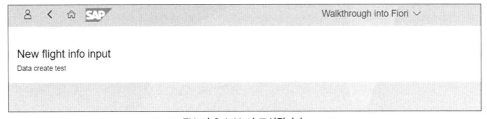

Title과 Subtitle이 표시됩니다.

- SmartForm

Name Space에 sap.ui.comp.smartform을 추가하고 ObjectPageLayout Control의 첫 번째 ObjectPageSection 하위 ObjectPageSubSection 영역에 SmartForm Control을 추가합니다.

```
<mvc:View xmlns:core="sap.ui.core" xmlns:mvc="sap.ui.core.mvc" xmlns="sap.m"
 xmlns:uxap="sap.uxap" xmlns:smartForm="sap.ui.comp.smartform"
controllerName="ysflight.controller.Create" xmlns:html="http://www.w3.org/1999/xhtml">
…
<uxap:ObjectPageSection titleUppercase="false" title="{i18n>flightInfoInputTitle}">
    <uxap:subSections>
        <uxap:ObjectPageSubSection title="">
            <smartForm:SmartForm id="idForm" editable="true">
                <smartForm:Group >
                    <smartForm:GroupElement>
                    </smartForm:GroupElement>
                </smartForm:Group>
            </smartForm:SmartForm>
        </uxap:ObjectPageSubSection>
    </uxap:subSections>
</uxap:ObjectPageSection>
…
```

i18n에 flightInfoInputTitle을 추가합니다.

```
…
#Create
newTitle=New flight info input
newSubTitle=Data create test
flightInfoInputTitle=Flight info
```

- SmartField

Name Space에 sap.ui.comp.smartfield를 추가하고 SmartForm Control 하위 SmartGroupEelement에 SmartField Control을 추가합니다.

```
<mvc:View xmlns:core="sap.ui.core" xmlns:mvc="sap.ui.core.mvc" xmlns="sap.m" xmlns:uxap="sap.uxap"
xmlns:smartForm="sap.ui.comp.smartform" xmlns:smartField="sap.ui.comp.smartfield"
controllerName="ysflight.controller.Create" xmlns:html="http://www.w3.org/1999/xhtml">
…
<smartForm:SmartForm id="idForm" editable="true">
    <smartForm:Group >
        <smartForm:GroupElement>
            <smartField:SmartField value="{Carrid}"/>
        </smartForm:GroupElement>
    </smartForm:Group>
</smartForm:SmartForm>
…
```

여기서 value는 Target이 될 Entity의 Property를 지정합니다. 이후 Controller에서 Create
View에 Entry의 Path를 Binding하면 지정한 Property와 매핑됩니다.

- 신규 Entry Binding

신규 Entry Binding을 위해 Create.controller.js에 관련 로직을 추가합니다.

```
sap.ui.define([
    "sap/ui/core/mvc/Controller"
], function(Controller) {
    "use strict";
    return Controller.extend("ysflight.controller.Create", {
        onInit: function() {
            this.getOwnerComponent().getRouter().getRoute("Create").attachPatternMatched(
                this._onObjectMatched, this);
        },
        _onObjectMatched: function(oEvent) {
            var oModel = this.getView().getModel();
            oModel.metadataLoaded().then(function() {
                var oContext = oModel.createEntry("SflightEntitySet", null);
                this.getView().bindElement({
                    path: oContext.getPath()
                });
            }.bind(this));
        }
    });
});
```

☑ Controller가 처음 호출되면 onInit 함수를 수행합니다.

☑ manifest.json에 설정한 route들 중 "Create"에 지정한 Pattern과 동일한 Pattern의 URI가 확인되면 _onObjectMatched 함수를 호출하도록 PatternMatched Event를 추가합니다.

☑ View에 Binding되어 있는 Model 객체를 받아옵니다. manifest.json에 Default Model로 설정한 Model은 SAPUI5 MVC 구조에 따라 모든 View에 기본적으로 Binding되어 있습니다.

☑ OData Model의 Metadata가 Load되었는지를 확인 후 모든 Metadata가 Load되면 Model에 속하는 SflightEntitySet에 대하여 신규 Entry를 생성합니다. Model Context의 Path를 View에 Binding합니다. View는 Context의 Path를 통해 Entry와 연결됩니다.

OData Model은 Ansync로 동작하기 때문에 Metadata가 Load되기 전 bindElement 함수가 호출될 수 있습니다. 그러면 View가 비정상적으로 동작할 수 있으므로 반드시 Metadata가 Load된 후 추가 로직이 수행될 수 있도록 코드를 작성해야 합니다.

실행결과를 확인해보면 SflightEntity의 Carrid Property를 SmartField Control에 Binding했으므로 Carrid의 Label과 Value 입력용 Input Control이 출력됩니다.

- 추가 화면 구성

SflightEntity에 포함되는 모든 데이터를 입력받을 수 있도록 Create.view.xml을 수정합니다.

```
...
<smartForm:SmartForm id="idForm" editable="true">
    <smartForm:Group >
        <smartForm:GroupElement>
            <smartField:SmartField value="{Carrid}"/>
        </smartForm:GroupElement>
        <smartForm:GroupElement>
            <smartField:SmartField value="{Connid}"/>
        </smartForm:GroupElement>
        <smartForm:GroupElement>
            <smartField:SmartField value="{Fldate}"/>
        </smartForm:GroupElement>
        <smartForm:GroupElement>
            <smartField:SmartField value="{Price}"/>
        </smartForm:GroupElement>
        <smartForm:GroupElement>
            <smartField:SmartField value="{Planetype}"/>
        </smartForm:GroupElement>
    </smartForm:Group>
    <smartForm:Group >
        <smartForm:GroupElement>
            <smartField:SmartField value="{Seatsmax}"/>
        </smartForm:GroupElement>
        <smartForm:GroupElement>
            <smartField:SmartField value="{Seatsocc}"/>
        </smartForm:GroupElement>
        <smartForm:GroupElement>
            <smartField:SmartField value="{SeatsmaxB}"/>
        </smartForm:GroupElement>
        <smartForm:GroupElement>
            <smartField:SmartField value="{SeatsoccB}"/>
        </smartForm:GroupElement>
        <smartForm:GroupElement>
            <smartField:SmartField value="{SeatsmaxF}"/>
        </smartForm:GroupElement>
        <smartForm:GroupElement>
            <smartField:SmartField value="{SeatsoccF}"/>
        </smartForm:GroupElement>
    </smartForm:Group>
</smartForm:SmartForm>
...
```

OData Model의 Property Label Text를 변경하여 SmartField Control의 Label을 변경할 수도 있지만 여기서는 추가 기능 연습을 위해 i18n을 통해 SmartField의 Label을 변경해보겠습니다. Create.view.xml과 i18n.properties 파일을 각각 수정합니다.

```
<smartForm:SmartForm id="idForm" editable="true">
    <smartForm:Group >
        <smartForm:GroupElement label="{i18n>lbCarrid}">
            <smartField:SmartField value="{Carrid}"/>
        </smartForm:GroupElement>
...
```

```
...
#Create
newTitle=New flight info input
newSubTitle=Data create test
flightInfoInputTitle=Flight info
lbCarrid=항공사
lbPrice=가격
lbPlanetype=항공기 종류
lbSeatsmax=전체 좌석 수
lbSeatsocc=예약 좌석 수
lbSeatsmaxB=비지니스 좌석 수
lbSeatsoccB=비지니스 예약 좌석 수
lbSeatsmaxF=퍼스트 클래스 좌석 수
lbSeatsoccF=퍼스트 클래스 예약 좌석 수

...
```

실행화면에 모든 Property가 출력됩니다. Date Type인 Fldate Property는 날짜 선택을 도와주는 Value Help가 기본으로 제공되고 Price Property는 Currency Property와 함께 출력됩니다.

OData Model의 SflightEntity를 보면 Property들에 null값을 허용하지 않았습니다. 그래서 모든 SmartField Control Label에 * 표시가 되어 있습니다. 입력하지 않아도 되는 Property들은 Nullable에 Check를 합니다.

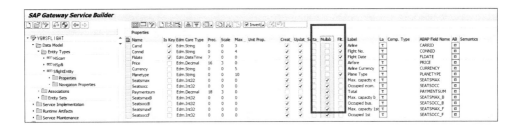

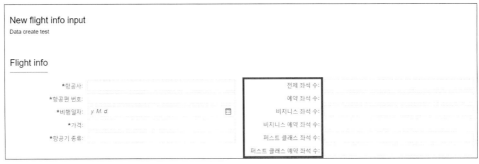

Optional한 입력 Property들은 필수 입력 표시가 제거되었습니다.

- Entry 저장

ObjectPageLayout의 showFooter 속성에 true를 지정하고 Footer를 생성합니다. Footer에는
sap.m.Bar Control을 추가하고 저장, 취소 버튼을 생성합니다.

```
...
<uxap:ObjectPageLayout showFooter="true" enableLazyLoading="true" showTitleInHeaderContent="true">
...

    </uxap:sections>
    <uxap:footer>
        <Bar>
            <contentRight>
            <Button text="{i18n>btnSave}" press="handleSave" type="Emphasized"/>
            <Button text="{i18n>btnCancel}" press="handleCancel" type="Transparent"/>
            </contentRight>
        </Bar>
    </uxap:footer>
</uxap:ObjectPageLayout>
...
```

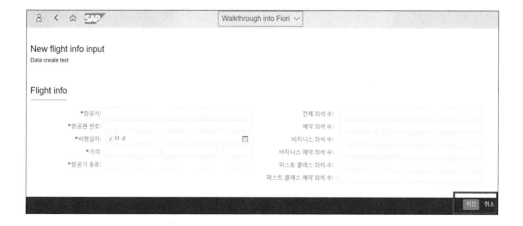

취소 버튼을 클릭했을 때 Event Handler를 Create.controller.js에 추가합니다.

```
…
handleCancel: function(oEvent) {
    var oModel = this.getView().getModel();
    if (oModel.hasPendingChanges()) {
        oModel.resetChanges();
    }
    this.getOwnerComponent().getRouter().navTo("List", null, false);
}
…
```

☑ 사용자가 데이터 입력 중 취소할 수도 있으므로 OData Model에 변경사항이 있으면 변경사항을 초기화합니다.

☑ manifest.json에 설정된 route에 따라 List.view.xml로 화면 이동합니다.

저장 버튼을 클릭했을 때 Event Handler를 Create.controller.js에 추가합니다.

```
…
handleSave: function() {
    var oResourceBundle = this.getOwnerComponent().getModel("i18n").getResourceBundle(),
    oView = this.getView(),
    oModel = oView.getModel(),
    oSmartForm = oView.byId("idForm");
    if (oSmartForm.check().length > 0) {
        sap.m.MessageBox.error(oResourceBundle.getText("msgCheckMandatory"));
        return;
    }
    oModel.submitChanges({
        success: function(oData, oResp) {
            sap.m.MessageToast.show(oResourceBundle.getText("msgSaveSuccessfully"));
            this.getOwnerComponent().getRouter().navTo("List", null, false);
        }.bind(this),
        error: function(oError) {
            if (oError.statusCode === 500) {
                sap.m.MessageToast.show(oResourceBundle.getText("msgUpdateError"));
            } else {
                sap.m.MessageToast.show(JSON.parse(oError.responseText).error.message.value);
            }
        }
    });
}
…
```

☑ SmartForm Control의 check 함수를 사용하면 OData Model의 Metadata를 기반으로 필수 입력 여부나 데이터 타입 등의 Validation Check를 수행할 수 있습니다. Validation Check에서 오류가 발견되는 경우 i18n에 등록한 msgCheckMandatory Text Element를 오류 Message로 출력합니다.

☑ OData Model의 submitChanges 함수를 사용하면 데이터 상태에 따라 신규·변경·삭제 등의 Request가 OData Service로 일괄 요청됩니다.

☑ 요청이 성공한 경우 i18n에 등록한 msgSaveSuccessfully Text Element를 성공 Message로 출력하고 List.view.xml로 이동합니다.

☑ 요청이 실패한 경우 오류 코드에 따라 500이면 msgUpdateError Text Element를 Message로 출력하고 그 외의 경우는 Return받은 Error Message를 출력합니다.

i18n.properties에 Text Element를 추가합니다.

```
...
msgCheckMandatory=입력값을 확인하세요
msgSaveSuccessfully=저장 성공
msgUpdateError=저장 오류
```

저장 기능 테스트: 신규 데이터 입력 후 저장합니다.

저장결과: 저장한 데이터가 *List*에 출력됩니다.

▶ Value help

Carrid, Connid, Planetype 등의 Property들은 사용자가 직접 Text를 입력하게 하는 것보다 Value Help를 제공하는 것이 바람직합니다. 만약 Value Help의 전체 데이터 건수가 적다면 Combobox로 제공하는 것도 고려해봐야 합니다.

앞서 「IV-1. OData Service」에서 OData Modeling시 SFLIGHT Table을 Import했고, 관련 Search Help도 같이 Import하여 Entity Type HScarr와 HSpfli가 생성된 바 있습니다.

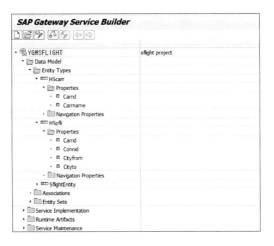

SflightEntity의 Carrid Property에 HScarr의 Carrid Property를 연결하고 Connid Property에는 HSpfli의 Connid를 연결하여 Value Help로 사용할 수 있습니다. 이를 위해 annotation.xml 파일을 수정합니다.

```
…
<Annotations Target="YGWSFLIGHT_SRV.SflightEntity/Carrid">
    <Annotation Term="Common.ValueList">
        <Record Type="Common.ValueListType">
            <PropertyValue Property="CollectionPath" String="HScarrSet"/>
            <PropertyValue Property="Parameters">
                <Collection>
                    <Record Type="Common.ValueListParameterInOut">
                        <PropertyValue Property="LocalDataProperty" PropertyPath="Carrid"/>
                        <PropertyValue Property="ValueListProperty" String="Carrid"/>
                    </Record>
                    <Record Type="Common.ValueListParameterDisplayOnly">
                        <PropertyValue Property="ValueListProperty" String="Carrname"/>
                    </Record>
                </Collection>
            </PropertyValue>
        </Record>
    </Annotation>
</Annotations>
<Annotations Target="YGWSFLIGHT_SRV.SflightEntity/Connid">
    <Annotation Term="Common.ValueList">
        <Record Type="Common.ValueListType">
            <PropertyValue Property="CollectionPath" String="HSpfliSet"/>
            <PropertyValue Property="Parameters">
                <Collection>
                    <Record Type="Common.ValueListParameterInOut">
                        <PropertyValue Property="LocalDataProperty" PropertyPath="Carrid"/>
                        <PropertyValue Property="ValueListProperty" String="Carrid"/>
                    </Record>
                    <Record Type="Common.ValueListParameterInOut">
                        <PropertyValue Property="LocalDataProperty" PropertyPath="Connid"/>
                        <PropertyValue Property="ValueListProperty" String="Connid"/>
                    </Record>
                    <Record Type="Common.ValueListParameterDisplayOnly">
                        <PropertyValue Property="ValueListProperty" String="Cityfrom"/>
                    </Record>
                    <Record Type="Common.ValueListParameterDisplayOnly">
                        <PropertyValue Property="ValueListProperty" String="Cityto"/>
                    </Record>
                </Collection>
            </PropertyValue>
        </Record>
    </Annotation>
</Annotations>
…
```

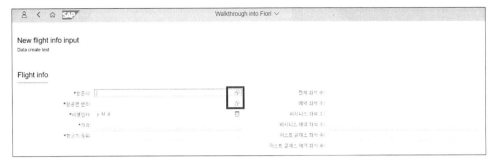

실행화면: *Carrid와 Connid Property에 Value Help 출력 Icon이 표시됩니다.*

Carrid의 Value Help

Connid의 Value Help

Carrid Property는 항공회사 ID입니다. 항공회사는 총 건수가 많지 않기 때문에 Combobox로 출력하는 것이 사용자가 사용하기 좀 더 편할 수 있습니다. SmartField를 Combobox로 출력하기 위해 Model Provider Extension Class의 DEFINE Method를 수정하여 OData Model의 Metadata에 설정을 추가합니다.

annotation.xml에 설정을 추가하여 Combobox로 출력할 수도 있지만 OData Model을 다른 Fiori App에서도 사용한다고 가정하는 경우 Carrid Property는 어느 Fiori App에서나 Combobox로 출력되는 게 일관성 있는 UX가 됩니다. annotation.xml에서 Combobox로 지정할 경우 모든 Fiori App에서 각각 Annotation을 추가해줘야 하기 때문에 일관성을 위해 OData Model에서 Combobox로 변경하도록 해봅니다.
맞습니다! 사실 Value Help도 OData Model에서 연결시키는 게 일관성 있는 프로그래밍입니다. 이 책에서는 학습을 위해 여러 방법을 사용해 보는 이유도 있고, 또 Value Help용 Entity들만 모아서 OData Service를 만들고 다른 OData Service에서는 이를 Include해서 사용하는 경우가 있는데 이런 경우에는 Value Help설정을 OData Model에서 할 수가 없습니다. 이럴 땐 어쩔 수 없이 Fiori App의 annotation.xml에서 Value Help를 연결해야만 합니다.

```
…
lo_property = lo_entity_type->get_property( iv_property_name = 'Carrid' ).
lo_odata_annotation = lo_property->/iwbep/if_mgw_odata_annotatabl~create_annotation(
                        /iwbep/if_mgw_med_odata_types=>gc_sap_namespace ).
lo_odata_annotation->add( iv_key = 'value-list' iv_value = 'fixed-values' ).
…
```

SflightEntity의 Metadata에 sap:value-list="fixed-values" 속성이 추가되었습니다.

New flight info input
Data create test

Flight info

*항공사:	
*항공편 번호:	AA
*비행일자:	AB
*가격:	AC
*항공기 종류:	AF
	AZ

실행화면

Combobox가 ID로 출력되고 있습니다. 사용자는 AA나 AB가 어떤 항공사를 나타내는지 알 수 없기 때문에 Description으로 출력되도록 Metadata에 속성을 추가합니다.

```
...
lo_entity_type = model->get_entity_type( iv_entity_name = 'HScarr' ).
lo_property = lo_entity_type->get_property( iv_property_name = 'Carrid' ).
lo_odata_annotation = lo_property-
>/iwbep/if_mgw_odata_annotatabl~create_annotation(
/iwbep/if_mgw_med_odata_types=>gc_sap_namespace ).
lo_odata_annotation->add( iv_key = 'text' iv_value = 'Carrname' ).
...
```

Hscarr Entity의 Metadata에 sap:text="Carrname" 속성이 추가되었습니다.

실행화면

▶ Detail(Read)

데이터 상세 보기 화면 구성을 위해 Detail.view.xml와 Detail.controller.js를 추가합니다.

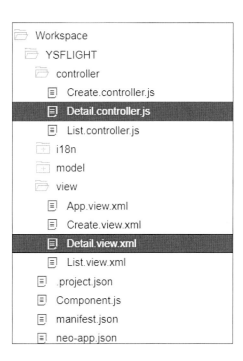

이제 사용자가 List View에서 SmartTable Control의 한 라인을 선택하면 상세 데이터를 확인하는 Detail.view로 이동하도록 SmartTable에 Line Item 클릭 이벤트를 추가합니다.

```xml
…
<smartTable:SmartTable id="idSmartTable" entitySet="SflightEntitySet"
…
    <smartTable:customToolbar>
…
    </smartTable:customToolbar>
    <smartTable:items>
        <Table growing="true" growingScrollToLoad="true" fixedLayout="false"
            itemPress="handleItemPress" mode="SingleSelectMaster">
            <ColumnListItem type="Navigation"/>
        </Table>
    </smartTable:items>
</smartTable:SmartTable>
…
```

실행화면: Navigation 버튼이 Line Item 끝에 표시됩니다.

사용자가 SmartTable에 Line Item을 클릭했을 경우 Detail 화면으로 이동하도록 List.controller.js에 Event Handler 로직을 작성합니다.

```
…
handleItemPress: function(oEvent) {
    var oTable = oEvent.getSource();
    var oContext = oTable.getSelectedItem().getBindingContext();
    this.getOwnerComponent().getRouter().navTo("Detail", {
        key: oContext.getPath().substr(1)
    }, false);
}
…
```

☑ 클릭된 Item에 Binding되어 있는 Context를 가져옵니다.

☑ Context의 Binding Path를 key라는 Argument로 지정하여 Detail route를 호출합니다.

이제 manifest.json에 Detail 관련 route를 추가합니다. Detail route의 Pattern에 parameter {key}가 Entry Context의 Binding Path를 전달합니다.

```
…
"routes": [
    {"name": "List", …   },
    {"name": "Create",…},},
    {
        "pattern": "Detail/{key}",
        "name": "Detail",
        "target": "Detail"
    }
    ],
"targets": {
    "List": {"viewId": "List",…},
    "Create": {"viewId": "Create",…},
    "Detail": {
        "viewType": "XML",
        "viewName": "Detail"
    }
}
…
```

- ObjectPageLayout

Create.view.xml을 참조하여 Detail.view.xml의 Layout을 구성합니다.

```xml
<mvc:View xmlns:core="sap.ui.core" xmlns:mvc="sap.ui.core.mvc" xmlns="sap.m" xmlns:uxap="sap.
uxap" xmlns:smartForm="sap.ui.comp.smartform" xmlns:smartField="sap.ui.comp.smartfield"
controllerName="ysflight.controller.Detail" xmlns:html="http://www.w3.org/1999/xhtml">
    <uxap:ObjectPageLayout showFooter="true" enableLazyLoading="true"
        showTitleInHeaderContent="true">
    <uxap:headerTitle>
        <uxap:ObjectPageHeader objectTitle="{Carrid}" objectSubtitle="{Connid}"
            isObjectIconAlwaysVisible="false"    isObjectTitleAlwaysVisible="false"
            isObjectSubtitleAlwaysVisible="false"/>
    </uxap:headerTitle>
    <uxap:sections>
        <uxap:ObjectPageSection titleUppercase="false" title="{i18n>flightInfoInputTitle}">
            <uxap:subSections>
                <uxap:ObjectPageSubSection title="">
                    <smartForm:SmartForm id="idForm" editable="false">
… // 이후는 Create view와 동일
```

☑ ObjectPageHeader에 objectTitle과 objectSubtitle은 Binding될 Entry의 Key Property를
지정합니다.

☑ SmartForm의 editatble 속성을 false로 지정합니다.

이제 Detail.controller.js의 onInit 함수에서 Data Entry를 View에 Binding하겠습니다. View에
Binding할 Entry의 Path는 Route Pattern을 통해 key라는 Argument로 받아왔습니다.

```
sap.ui.define([
        "sap/ui/core/mvc/Controller"
], function(Controller) {
        "use strict";
        return Controller.extend("ysflight.controller.Detail", {
                onInit: function() {
                        this.getOwnerComponent().getRouter().getRoute("Detail").attachPatternMatched(
                                this._onObjectMatched, this);
                },
                _onObjectMatched: function(oEvent) {
                        this._sKey = "/" + oEvent.getParameter("arguments").key;
                        this.getView().bindElement({
                                path: this._sKey
                        });
                }
        });
});
```

☑ 요청된 URI가 Detail과 Pattern이 일치하는 경우 _onObjectMatched 함수를 호출합니다.

☑ Pattern에 있는 Argument 중에 key라는 Argument값을 가져와 전역변수 this._sKey에 저장
   합니다.

☑ View에 this._sKey를 Binding Path로 지정합니다.

List.controller.js에서 사용자가 클릭한 Line Item의 Context Path를 Detail Route의 key라는 Argument로 전달했습니다. 이때 substr(1)이란 구문을 통해 맨 앞의 "/"가 삭제되도록 했습니다. Route에서 "/" 문자는 Argument를 구분할 때 사용하는 Key Word이기 때문에 Argument 값에 "/" 문자가 포함될 수 없습니다. 그래서 List에서는 맨 앞의 "/"를 삭제하고, Detail에서는 다시 맨 앞에 "/"를 붙여서 View의 Binding Path를 지정합니다.

실행화면

▶ Modify(Update)

데이터 수정 기능 구현을 위해 Modify View를 추가로 생성할 수 있습니다. 그러나 여기선 Detail View를 수정해 Detail 기능과 Modify 기능을 모두 처리할 수 있게 구현해보겠습니다.

- JSON Model

View와 Controller는 여러 개의 Model을 사용할 수 있습니다. ID 지정이 필요 없는 1개의 Default Model과 ID를 지정한 여러 개의 Model이 View와 Controller 간의 데이터 통신에 사용됩니다. SAPUI5에서 사용 가능한 Data Model은 OData Model과 JSON Model이 있습니다. 서버 연결 없이 View와 Controller 간에 간단한 데이터 전달을 위해서 JSON Model을 사용할 수 있습니다. JSON Model을 통해 View의 수정 가능 상태를 변경할 수 있습니다.

```
sap.ui.define([
    "sap/ui/core/mvc/Controller",
    "sap/ui/model/json/JSONModel"
], function(Controller, JSONModel) {
    "use strict";
    return Controller.extend("ysflight.controller.Detail", {
        onInit: function() {
            var oFlagSet = new JSONModel({
                isEdit: false
            });
            this.getView().setModel(oFlagSet, "flagSet");
...
```

☑ Detail.controller.js에서 flagSet이란 id를 갖는 JSON Model을 생성하고 View에도 등록합니다.

☑ flagSet Model 안에는 isEdit이라는 Boolean Type의 Property가 있고 Default값을 false로 초기화했습니다.

```
…
<smartForm:SmartForm id="idForm" editable="{flagSet>/isEdit}">
…
    <uxap:footer>
        <Bar>
            <contentRight>
                <Button text="{i18n>btnSave}" press="handleSave" type="Emphasized"
                    visible="{flagSet>/isEdit}"/>
                <Button text="{i18n>btnEdit}" press="handleEdit" type="Transparent"
                    visible="{= !${flagSet>/isEdit}}"/>
                <Button text="{i18n>btnCancel}" press="handleEdit" type="Transparent"
                    visible="{flagSet>/isEdit}"/>
            </contentRight>
        </Bar>
    </uxap:footer>
</uxap:ObjectPageLayout>
…
```

☑ Detail.view.xml에 있는 SmartFrom의 editatble Property를 flagSet Model의 isEdit Property값으로 지정합니다.

☑ Button들의 visible Property값을 flagSet Model의 isEdit Property값으로 지정합니다.

Controller에서 Binding한 flagSet Model을 Control들의 editable, visible Property 등에 적용했습니다. 이로써 flagSet>/isEdit값이 true, false로 변경될 때마다 Control 들의 속성도 함께 변경되게 됩니다.

i18n.properties 파일에 관련 Text Element도 추가합니다.

```
…
btnSave=저장
btnCancel=취소
btnEdit=수정
msgCheckMandatory=입력값을 확인하세요
…
```

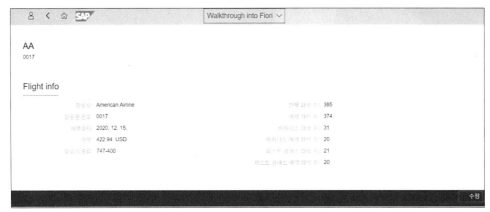

실행화면

사용자가 수정 버튼을 클릭했을 경우 Detail Controller에서 flagSet Model의 isEdit Property값을 반대로 변경합니다.

```
…
handleEdit: function() {
    var oModel = this.getView().getModel();
    if (oModel.hasPendingChanges()) {
        oModel.resetChanges();
    }
    var oFlagSet = this.getView().getModel("flagSet");
    oFlagSet.setProperty("/isEdit", !oFlagSet.getProperty("/isEdit"));
}
…
```

☑ isEdit값을 무조건 반대로 변경하기 때문에 수정 상태를 Cancel했을 때도 활용이 가능합니다. 취소 버튼을 클릭했을 때도 동일하게 handleEdit Event Handler를 사용합니다.

☑ 사용자가 일부 데이터값들을 수정하고 난 뒤 취소 버튼을 클릭하는 경우가 있을 수 있습니다. OData Model의 hasPendingChanges 함수를 이용하여 데이터 변경 상태를 점검한 후 변경된 값이 있으면 OData Model을 resetChange합니다.

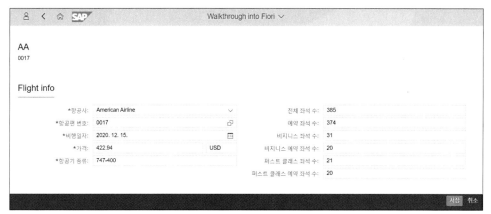

실행결과: 수정 버튼 클릭 시 *Control*들의 상태가 입력 가능하게 변경됩니다.

Carrid와 Connid, Fldate는 Key Property이기 때문에 변경할 수 없어야 합니다. SAP Gateway Service Builder에서 SflightEntity의 Property들이 가지는 Updatable 속성을 변경하여 수정 불가 처리합니다.

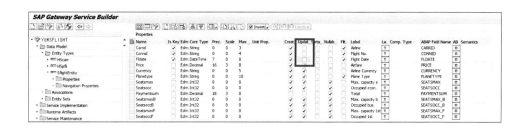

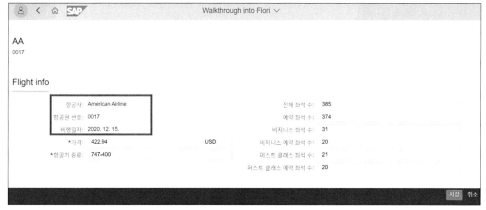

실행화면

OData Model과 상관없이 특정 SmartFiled Control은 무조건 수정이 불가능하도록 할 수도 있습니다. Detail View에서 직접 SmartField editable 속성에 false값을 지정합니다.

```
…
<smartForm:GroupElement label="{i18n>lbPlanetype}">
    <smartField:SmartField value="{Planetype}" editable="false"/>
</smartForm:GroupElement>
…
```

실행화면

저장 버튼 클릭(handleSave)시 수정된 내용을 OData Service로 전달합니다.

```
…
handleSave: function() {
    var oResourceBundle =
 this.getOwnerComponent().getModel("i18n").getResourceBundle(),
    oView = this.getView(),
    oModel = oView.getModel(),
    oSmartForm = oView.byId("idForm");
    if (oSmartForm.check().length > 0) {
        sap.m.MessageBox.error(oResourceBundle.getText("msgCheckMandatory"));
        return;
    }
    oModel.submitChanges({
        success: function(oData, oResp) {
            sap.m.MessageToast.show(oResourceBundle.getText("msgSaveSuccessfully"));
            this.getOwnerComponent().getRouter().navTo("List", null, false);
        }.bind(this),
        error: function(oError) {
            if (oError.statusCode === 500) {
                sap.m.MessageToast.show(oResourceBundle.getText("msgUpdateError"));
            } else {
                sap.m.MessageToast.show(JSON.parse(oError.responseText).error.message.value);
            }
        }
    });
}
…
```

네! Create.controller.js의 handleSave 코드와 동일합니다.

▶ Delete

Detail View에 삭제 기능도 추가할 수 있습니다. 이를 위해 Detail.view.xml에 삭제
버튼을 추가합니다.

```
…
<uxap:footer>
    <Bar>
        <contentRight>
            <Button text="{i18n>btnSave}" press="handleSave" type="Emphasized"
             visible="{flagSet>/isEdit}"/>
            <Button text="{i18n>btnEdit}" press="handleEdit" type="Transparent"
             visible="{= !${flagSet>/isEdit}}"/>
            <Button text="{i18n>btnCancel}" press="handleEdit" type="Transparent"
             visible="{flagSet>/isEdit}"/>
            <Button text="{i18n>btnDelete}" press="handleDelete" type="Emphasized"
                    visible="{= !${flagSet>/isEdit}}"/>
        </contentRight>
    </Bar>
</uxap:footer>
…
```

i18n.properties에 삭제 버튼 Text Element도 추가합니다.

```
…
btnEdit=수정
btnDelete=삭제
msgCheckMandatory=입력값을 확인하세요
…
```

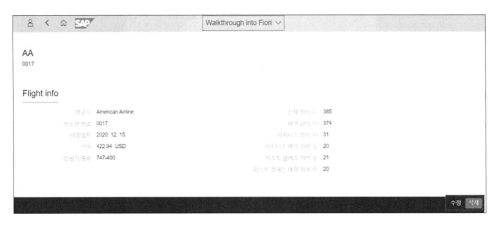

Detail.controller.js에 삭제 버튼 Event Handler인 handleDelete를 생성하여 삭제 기능을 구현합니다.

```
…
handleDelete: function() {
    var oResourceBundle = this.getOwnerComponent().getModel("i18n").getResourceBundle();
    var oDialog = new sap.m.Dialog({
        title: oResourceBundle.getText("msgDeleteConfirmTitle"),
        type: "Message",
        content: new sap.m.Text({
                text: oResourceBundle.getText("msgDeleteConfirmMsg")
                }),
        beginButton: new sap.m.Button({
            type: sap.m.ButtonType.Emphasized,
            text: oResourceBundle.getText("btnDelete"),
            press: function() {
                this._deleteData();
                oDialog.close();
            }.bind(this)
        }),
        endButton: new sap.m.Button({
            text: oResourceBundle.getText("btnCancel"),
            press: function() {
                oDialog.close();
            }
        }),
        afterClose: function() {
            oDialog.destroy();
        }
    });
    oDialog.open();
},
_deleteData: function() {
    var oModel = this.getView().getModel(),
        sPath = this.getView().getBindingContext().getPath();
    oModel.remove(sPath);
    this.getOwnerComponent().getRouter().navTo("List", null, false);
}
…
```

- ☑ 삭제 확인을 위한 Confirm Dialog를 출력하고 사용자가 Confirm을 하면 OData Model의 remove 함수를 사용하여 데이터를 삭제합니다.
- ☑ OData Model의 Entry를 삭제하기 위하여 현재 View에 Binding되어 있는 Entry의 Path를 전달합니다.
- ☑ 삭제가 성공하면 List View 화면으로 이동합니다.

i18n.properties에 삭제 관련 Text Element들도 등록합니다.

```
…
#Detail
msgDeleteConfirmTitle=삭제 확인
msgDeleteConfirmMsg=삭제 하시겠습니까?
```

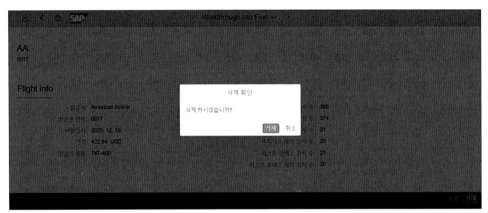

삭제 버튼 클릭 시 Confirm Dialog가 출력됩니다.

더 알아보기

지금까지 CRUDQ 기능을 제공하는 List Report 형태의 Fiori App을 개발해봤습니다. 이 상태로도 사용이 가능하지만 한발 더 나아가기 위한 것들을 정리해봤습니다.

▶ Refactoring

개발된 Fiori App을 Refactoring합니다. Refactoring을 하면 소스코드의 가독성이 높아지고 유지보수에 도움이 됩니다.

SAPUI5의 Controller는 OOP(Object Oriented Programing)의 형태를 따르기 때문에 모든 Controller.js는 sap.ui.core.mvc.Controller를 상속받도록 되어 있습니다. 이 중간에 BaseController라는 중간 Class를 삽입하여 모든 Fiori App의 Controller가 하나의 공통 부모 Contoller를 가지게 해보겠습니다. 이렇게 BaseController를 사용하면 Controller들에 공통적으로 사용되는 기능을 추상화(표준화 및 공통화)할 수 있습니다.

- BaseController

controller 폴더 밑에 BaseController.js를 생성합니다.

```
sap.ui.define([
    "sap/ui/core/mvc/Controller",
    "sap/ui/model/json/JSONModel"
], function(Controller, JSONModel) {
    "use strict";
    return Controller.extend("ysflight.controller.BaseController", {
    });
});
```

Base.controller.js가 아닌 BaseController.js임을 확인하세요.

이제 List.controller.js, Create.controller.js, Detail.controller.js에서 기존 sap.ui.core.mvc. Controller 대신 BaseController를 사용하도록 수정합니다.

```
sap.ui.define([
    "ysflight/controller/BaseController"
], function(Controller) { //argument는 그대로 Controller를 사용하여 추가 코드 수정을 줄일 수 있습니다.
    "use strict";
…
```

이제 각 Contoller에서 사용하는 Routing 로직을 BaseController로 이동시켜 소스코드를 단순화할 수 있습니다. BaseController에 Routing 로직을 표준화하여 navTo라는 함수를 생성합니다.

```
…
return Controller.extend("ysflight.controller.BaseController", {
    navTo: function(sName, oParameters, bReplace) {
        this.getOwnerComponent().getRouter().navTo(sName, oParameters, bReplace);
    }
…
```

각 List.controller.js, Create.controller.js, Detail.controller.js의 Routing 관련 소스코드를 변경합니다. 예를 들어 List.controller.js를 수정하면 아래와 같습니다.

```
…
handleItemPress: function(oEvent) {
    var oItem = oEvent.getSource();
    //this.getOwnerComponent().getRouter().navTo("Detail", {
    this.navTo("Detail", {
        key: oItem.getSelectedItem().getBindingContext().getPath().substr(1)
    }, false);
}
…
```

☑ sap.ui.core.mvc.Controller Class에 있던 getOwnerComponent 함수 등을 호출하던 로직이 navTo로 단순화되었습니다.

List.controller.js의 navTo 변경 로직을 참조하여 나머지 Controller들의 navTo 로직도 변경합니다.

우리는 Detail.controller.js의 onInit 함수에서 flagSet JSON Model을 생성하여 View와의 데이터 통신에 사용했습니다. 이렇게 flagSet JSON Model을 생성하고 View에 지정하는 로직을 BaseController로 이동시켜 Detail.controller.js의 onInit 함수를 단순화시킬 수 있습니다. BaseController.js에 initFagSetModel이란 함수를 신규로 생성합니다.

```
…
    initFlagSetModel:function(bFlag){
        var oFlagSet = new JSONModel({
            isEdit: bFlag
        });
        this.getView().setModel(oFlagSet, "flagSet");
    },
…
```

Detail.controller.js의 onInit 함수를 수정합니다.

```
…
return Controller.extend("ysflight.controller.Detail", {
    onInit: function() {
        //var oFlagSet = new JSONModel({
        //    isEdit: false
        //});
        //this.getView().setModel(oFlagSet, "flagSet");
        this.initFlagSetModel(false);
        this.getOwnerComponent().getRouter().getRoute("Detail").attachPatternMatched(
            this._onObjectMatched, this);
    },
…
```

- Fragment

Controller에서 사용하는 함수 등을 BaseController로 공통화했듯이 View도 공통되는 Layout
과 Control 등을 Fragment로 공통화시킬 수 있습니다. Create.view.xml과 Detail.view.xml에서
똑같이 사용 중인 SmartForm을 Fragement로 공통화시켜보겠습니다.

View 폴더 밑에 fragment란 폴더를 새로 생성하고 SflightFrom.fragment.xml란 파일을 만듭니다.

기존에 Create.view.xml과 Detail.view.xml에 있던 SmartForm 로직을 삭제하고 SflightForm.
fragment.xml로 변경합니다.

```
…
<uxap:ObjectPageSection titleUppercase="false" title="{i18n>flightInfoInputTitle}">
    <uxap:subSections>
        <uxap:ObjectPageSubSection title="">
            <core:Fragment fragmentName="ysflight.view.fragment.SflightForm" type="XML"/>
        </uxap:ObjectPageSubSection>
    </uxap:subSections>
</uxap:ObjectPageSection>
…
```

이제 Create.view.xml에 있던 SmartForm 로직을 SflightForm.fragment.xml로 이동합니다.

```
<core:FragmentDefinition xmlns:core="sap.ui.core" xmlns="sap.m" xmlns:smartForm="sap.ui.comp.smartform"
xmlns:smartField="sap.ui.comp.smartfield" xmlns:ui="sap.ui.table">
    <smartForm:SmartForm id="idForm" editable="{flagSet}/isEdit}">
    …// Create.view.xml에 있던 SmartForm의 GroupElement들과 SmartField들
    </smartForm:SmartForm>
</core:FragmentDefinition>
```

SflightForm.fragment.xml을 Create View와 Detail View에서 같이 사용하기 위해서는 Smart-
Form의 editable 속성을 Create View에서도 관리해야 합니다. 우리는 BaseController.js에서
flagSet을 초기화하여 View와 연결해주는 함수 initFlagSetModel을 생성했었으므로 Create.
controller.js의 onInit 함수에서도 초기화 함수를 호출해줍니다.

```
…
return Controller.extend("ysflight.controller.Create", {
    onInit: function() {
        this.initFlagSetModel(true);
        this.getOwnerComponent().getRouter().getRoute("Create").attachPatternMatched(
            this._onObjectMatched, this);
    },
…
```

Detail.view.xml도 Create.view.xml처럼 SmartForm 관련 로직을 삭제하고 대신 SflightForm. fragment.xml을 사용합니다.

▶ Label Text

사용자의 SAP 시스템 언어 설정에 따라 List View에서 Carrid와 Price 등의 Label Text가 로그인 언어에 맞지 않게 출력될 수 있습니다. Create View와 Detail View는 SmartField Control의 Label을 i18n에서 직접 변경했지만 List View에 있는 Smart-Table Control의 Label은 여전히 OData Model의 SflightEntity를 직접 참조하기 때문입니다.

Label이 독일어로 출력되고 있습니다.

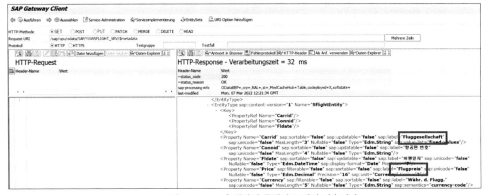

Metadata에 sap:label 속성값이 독일어로 되어 있습니다.

학습을 위해 Metadata에서 sap:label 속성이 한글로 나오게 하는 방법과 i18n을 통해 Metadata가 아닌 Fiori App에서 직접 Label을 변경하는 방법을 알아보겠습니다. Carrid Property의 Text를 Metadata에서 변경하기 위해서는 Model Provider Class 의 Text Symbol을 Translate(언어 변환)해야 합니다. 앞의 「IV-2. Fiori App-'다국어 지원'」에서 Connid와 Price는 한국어 변환을 했지만 Carrid는 변환을 하지 못했습니다. 이유는 Translate하는 화면에 Carrid값이 출력되지 않았기 때문입니다.

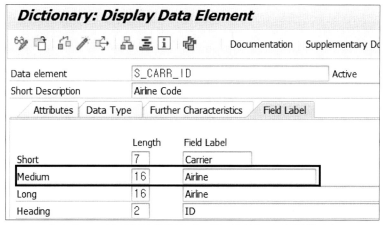

여기선 Metadata에서 보이던 "Fluggesellschaft"가 보이지 않습니다. SflightEntity는 Table SFLIGHT를 Import해서 생성했는데 이때 Carrid의 Label이 영문으로 Airline 입니다. 우리는 영문 Airline을 수정하지 않았기 때문에 Carrid의 Label Text는 모두 Data Element의 Text를 따라가게 되어 있습니다(위 캡쳐의 Airline은 HScarr와 HSpfli의 Carrid입니다). 이제 SFLIGHT Table의 Carrid 필드를 구성하는 Data Element S_CARR_ID의 Text를 변경해보겠습니다.

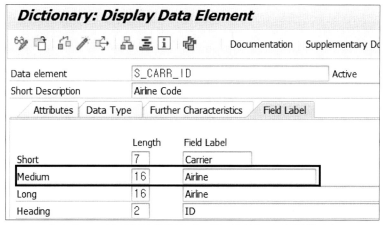

Dictionary: Display Data Element

Data element	S_CARR_ID		Active
Short Description	Airline Code		

Attributes | Data Type | Further Characteristics | **Field Label**

	Length	Field Label
Short	7	Carrier
Medium	16	Airline
Long	16	Airline
Heading	2	ID

Data Element S_CARR_ID의 Medium Text를 Airline으로 변경합니다.

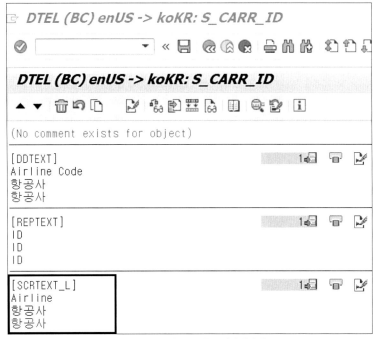

Airline의 국문을 항공사로 변경합니다.

Metadata에서 Label이 변경되었습니다.

실행결과

이제 Fiori App에서 Label을 변경하는 법을 알아보겠습니다. SmartTable Control의 Column Label을 View나 Controller에서도 수정할 수 있지만 여기서는 Annotation 을 사용해 Label을 수정해보겠습니다.

```
…
<Annotation Term="UI.LineItem">
    <Collection>
…
        <Record Type="UI.DataField">
            <PropertyValue Property="Value" Path="Price"/>
            <PropertyValue Property="Label" String="{@i18n&gt;lbPrice}"/>
        </Record>
    </Collection>
</Annotation>
…
```

annotation.xml에서 Price Property의 Label값을 i18n의 Text Element lbPrice로 지 정했습니다(">"문자열은 부등호 ">" 문자의 HTML 특수 코드입니다. ">"문자는 XML에서 Ele-ment 선언의 종료를 나타내는 Key Word이기 때문에 다른 용도로 사용할 수 없습니다).

실행화면

▶ Debugging

크롬과 같은 웹 브라우저를 사용할 경우 개발자 도구(F12)를 실행시켜 Fiori App 소스 코드를 디버깅해볼 수 있습니다. 또한 ABAP External Debugging 기능으로 OData Model도 디버깅할 수 있습니다. 여기선 기존 데이터를 Modify(Update)하는 경우를 통해 디버깅 방법을 살펴보겠습니다.

List에서 하나의 Line Item을 선택한 Detail 화면을 수정 모드로 변경하고 값을 변경해 저장해봅니다. 이때 저장 버튼을 누르기 전에 개발자 도구(F12)를 실행시키고 Detail.controller.js의 handleSave 함수에 디버깅을 활성화합니다.

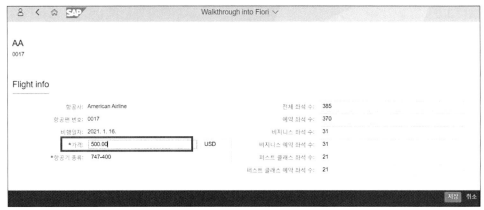

가격을 500으로 변경했습니다.

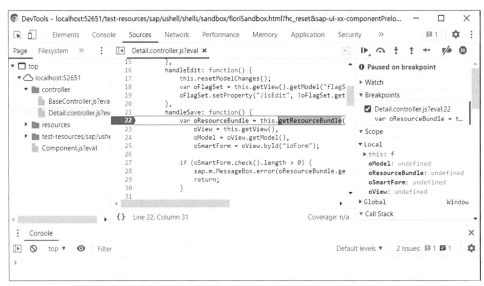

키보드의 F12키를 눌러 개발자 도구를 실행시킵니다.

저장 버튼을 클릭하면 개발자 도구에서 디버깅이 시작됩니다. 개발자는 필요에 따라 개발자 모드에서 각 변수들의 값을 확인하고 변경이 가능할 뿐만 아니라 소스코드를 직접 변경하여 적용할 수도 있습니다.

OData Model의 Data Provider Class에서는 External Debugging을 지정하여 크롬 개발자 도구에서의 Debugging과 연결되는 로직을 확인할 수 있습니다.

ABAP External Debugger

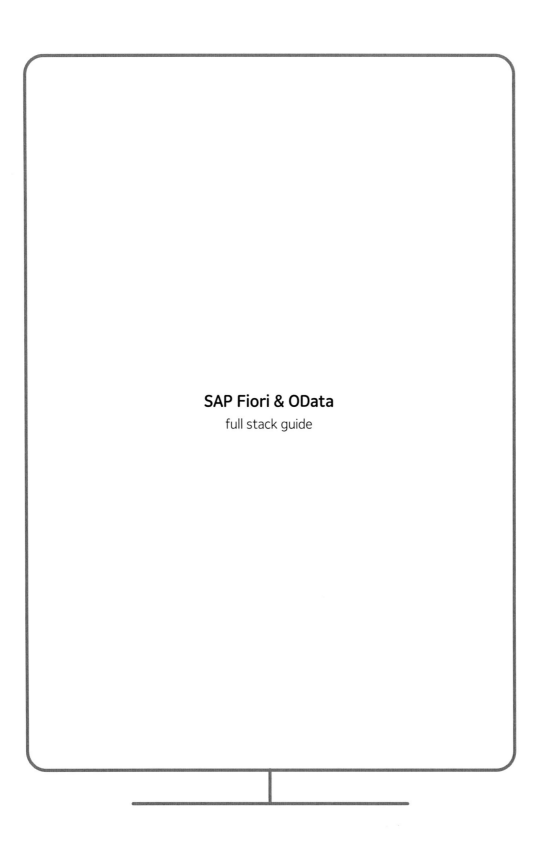

SAP Fiori & OData

full stack guide

Master-Detail
Report Project

PART I
PART II
PART III
PART IV
PART V
PART VI
PART VII

SAP의 연습용 Database 스키마인 SPFLI Table과 SFLIGHT Table은 1:N 관계입니다. 이번 장에서는 이를 이용해 Master(SPFLI) - Detail(SFLIGHT) 관계의 데이터 구조를 조회하는 Report를 개발해보겠습니다. 다양한 방식의 OData Modeling 학습을 위해 이전에 사용한 Free Style이나 MDS 방식이 아닌 CDS View를 활용하여 RDS(Referenced Data Source) 방식으로 OData Model을 생성해보겠습니다.

최종 결과 화면: Master-Detail 상세 조회

Eclipse를 사용하여 CDS View를 생성합니다. RDS로 사용할 CDS View는 CDS View 끼리만 Association이 되어 있어야 하므로 SCARR Table 조회용 CDS View인 yscarr와 SPFLI Table 조회용 CDS View인 yspfli, SFLIGHT Table 조회용 CDS View인 ysflight 를 생성합니다.

- yscarr CDS View

```
@AbapCatalog.sqlViewName: 'YSCARRB'
@AbapCatalog.compiler.compareFilter: true
@AbapCatalog.preserveKey: true
@AccessControl.authorizationCheck: #CHECK
@EndUserText.label: 'SCARR View'
define view yscarr
  as select from scarr as t1
{

  key t1.carrid   as Carrid,
      t1.carrname as Carrname,
      t1.currcode as Currcode,
      t1.url      as Url
}
```

CDS View의 id는 "yscarr"로 합니다. ABAP View ID는 뒤에 "B"를 붙인 "YSCARRB"로 합니다. 뒤에 붙은 "B"는 Basic view를 의미합니다.

- ysflight CDS View

```
@AbapCatalog.sqlViewName: 'YSFLIGHTB'
@AbapCatalog.compiler.compareFilter: true
@AbapCatalog.preserveKey: true
@AccessControl.authorizationCheck: #CHECK
@EndUserText.label: 'SFLIGHT View'
define view ysflight
  as select from sflight as t1
{
  key t1.carrid     as Carrid,
  key t1.connid     as Connid,
  key t1.fldate     as Fldate,
      t1.price      as Price,
      t1.currency   as Currency,
      t1.planetype  as Planetype,
      t1.seatsmax   as Seatsmax,
      t1.seatsocc   as Seatsocc,
      t1.paymentsum as Paymentsum,
      t1.seatsmax_b as SeatsmaxB,
      t1.seatsocc_b as SeatsoccB,
      t1.seatsmax_f as SeatsmaxF,
      t1.seatsocc_f as SeatsoccF
}
```

- yspfli CDS View

```
@AbapCatalog.sqlViewName: 'YSPFLIB'
@AbapCatalog.compiler.compareFilter: true
@AbapCatalog.preserveKey: true
@AccessControl.authorizationCheck: #CHECK
@EndUserText.label: 'SPFLI View'
define view yspfli
  as select from spfli as _spfli
  association [1..1] to yscarr   as _scarr   on $projection.carrid = _scarr.Carrid
  association [1..*] to ysflight as _sflight on $projection.carrid = _sflight.Carrid
                                            and $projection.connid = _sflight.Connid
{
  key _spfli.carrid as Carrid,
  key _spfli.connid as Connid,
      _scarr.Carrname,
      _spfli.countryfr as Countryfr,
      _spfli.cityfrom  as Cityfrom,
      _spfli.airpfrom  as Airpfrom,
      _spfli.countryto as Countryto,
      _spfli.cityto    as Cityto,
      _spfli.airpto    as Airpto,
      //_spfli.fltime    as Fltime,
      _spfli.deptime   as Deptime,
      _spfli.arrtime   as Arrtime,
      _spfli.distance  as Distance,
      _spfli.distid    as Distid,
      _spfli.fltype    as Fltype,
      _spfli.period    as Period,

      //association
      _sflight
}
```

☑ CDS View yspfli에서 yscarr와 ysflight를 Association으로 연결합니다. Association ID는 언더바(_)로 시작하게 합니다(향후 OData Model에서 CDS View를 reference할 때 navigation할 property id로 to + "association id"가 자동 지정됩니다. 즉 _scarr는 to_scarr로, _sflight는 to_sflight가 됩니다).

☑ Navigation할 Association은 "_sflight"만 지정합니다.

▶ CDS View Reference

생성한 CDS View를 Reference하여 SAP Gateway Project를 생성합니다. SAP Gateway Service Builder에 신규 Project YGWSPFLI를 생성하고 Data Model에 마우스 오른쪽 클릭한 다음 "Reference → Data Source"를 선택합니다.

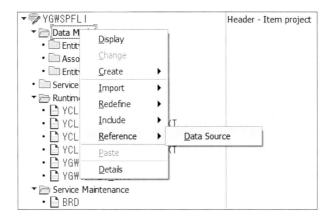

CDS-Entity에 CDS View ID "yspfli"를 지정합니다. ABAP View ID인 YSPFLIB가 아닌 CDS View ID를 입력해야 합니다.

CDS View yspfli에 연결된 CDS Veiw ysflight도 함께 Reference합니다. ysflight는 Association "_sflight"를 통해 연결되어 있습니다.

Wizard상으로는 CDS View ID와 Association ID가 대문자로 표시되지만 Wizard가 종료되면 원래 CDS View 생성 시 지정한 대로 소문자로 표시됩니다.

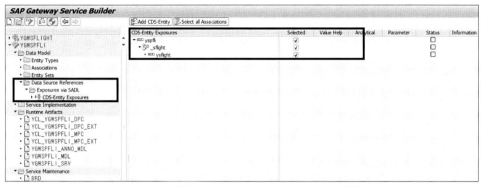

소문자로 표시된 CDS View와 Association이 Reference되었습니다.

SAP Gateway Project를 Generate하고 OData Service를 등록·활성화합니다. OData Service가 정상 동작하는지 SAP Gateway Client를 통해 Metadata를 확인해보겠습니다.

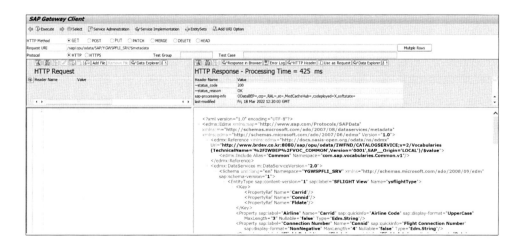

정상적으로 Metadata가 출력되는 것을 확인한 다음 SAP Gateway Client 상단의 EntitySets 버튼을 클릭하고 yspfli를 선택해서 Execute해보겠습니다.

RDS를 이용하면 Data Provier Class에서 GET_ENTITYSET이나 GET_ENTITY 함수를 따로 Redefine하지 않아도 데이터를 조회할 수 있습니다. 필요에 따라 CREATE_ENTITY, UPDATE_ENTITY, DELETE_ENTITY만 Redefine하여 데이터 처리 로직을 추가하면 됩니다.

▶ Data Provider Class

우리가 만들 Master-Detail Report Project는 Master와 Detail 데이터를 입력, 수정, 삭제 가능하도록 할 예정입니다. BOPF(Business Object Processing Framework) 기능을 사용하여 CDS View에 대한 입력, 수정, 삭제 기능을 구현할 수도 있지만 이전 장에서 배운 방식대로 SAP Gateway Project의 Data Provider Class를 Redefine하여 기능을 구현해보도록 하겠습니다.

- YSPFLI_CREATE_ENTITY

```
METHOD yspfli_create_entity.
  DATA: ls_request_input_data TYPE ycl_ygwspfli_mpc_ext=>ts_yspflitype.
  DATA ls_data TYPE spfli.
  "전달받은 입력 대상 데이터 추출
  io_data_provider->read_entry_data( IMPORTING es_data = ls_request_input_data ).
  "저장 데이터 구조로 변환
  MOVE-CORRESPONDING ls_request_input_data TO ls_data.
  "데이터 저장
  INSERT spfli FROM ls_data.
  "저장 성공 데이터 반환
  MOVE-CORRESPONDING ls_data TO er_entity.
ENDMETHOD.
```

MDS나 Free style로 생성한 OData Model의 Entity는 Entity Type명 뒤에 Set 키워드가 추가되어 Entity Set이 자동으로 만들어지지만, CDS View를 Reference해서 생성하는 RDS 방식에서는 Entity Set을 먼저 만들고 뒤에 Type 키워드가 추가되어 Entity Type이 생성됩니다.

- YSFLIGHT_CREATE_ENTITY

```
METHOD ysflight_create_entity.
  DATA: ls_request_input_data TYPE ycl_ygwspfli_mpc_ext=>ts_ysflighttype.
  DATA ls_data TYPE sflight.
  "전달받은 입력 대상 데이터 추출
  io_data_provider->read_entry_data( IMPORTING es_data = ls_request_input_data ).
  "저장 데이터 구조로 변환
  MOVE-CORRESPONDING ls_request_input_data TO ls_data.
  "데이터 저장
  INSERT sflight FROM ls_data.
  "저장 성공 데이터 반환
  MOVE-CORRESPONDING ls_data TO er_entity.
ENDMETHOD.
```

- YSPFLI_UPDATE_ENTITY

```abap
METHOD yspfli_update_entity.
  DATA: ls_request_input_data TYPE ycl_ygwspfli_mpc_ext=>ts_yspflitype.
  DATA ls_data TYPE spfli.
  "전달받은 수정 대상 데이터 추출
  io_data_provider->read_entry_data( IMPORTING es_data = ls_request_input_data ).
  "수정 데이터 구조로 변환
  MOVE-CORRESPONDING ls_request_input_data TO ls_data.
  "데이터 수정
  MODIFY spfli FROM ls_data.
  "수정 성공 데이터 반환
  MOVE-CORRESPONDING ls_data TO er_entity.
ENDMETHOD.
```

- YSFLIGHT_UPDATE_ENTITY

```abap
METHOD ysflight_update_entity.
  DATA: ls_request_input_data TYPE ycl_ygwspfli_mpc_ext=>ts_ysflighttype.
  DATA ls_data TYPE sflight.
  "전달받은 수정 대상 데이터 추출
  io_data_provider->read_entry_data( IMPORTING es_data = ls_request_input_data ).
  "수정 데이터 구조로 변환
  MOVE-CORRESPONDING ls_request_input_data TO ls_data.
  "데이터 수정
  MODIFY sflight FROM ls_data.
  "수정 성공 데이터 반환
  MOVE-CORRESPONDING ls_data TO er_entity.
ENDMETHOD.
```

- YSPFLI_DELETE_ENTITY

```
METHOD yspfli_delete_entity.
  DATA ls_data TYPE spfli.
  "전달받은 KEY값 확인
  LOOP AT it_key_tab INTO DATA(ls_key).
    CASE ls_key-name.
      WHEN 'Carrid'. ls_data-carrid = ls_key-value.
      WHEN 'Connid'. ls_data-connid = ls_key-value.
    ENDCASE.
  ENDLOOP.
  "데이터 삭제
  DELETE spfli FROM ls_data.
ENDMETHOD.
```

- YSFLIGHT_DELETE_ENTITY

```
METHOD ysflight_delete_entity.
  DATA ls_data TYPE sflight.
  "전달받은 KEY값 확인
  LOOP AT it_key_tab INTO DATA(ls_key).
    CASE ls_key-name.
      WHEN 'Carrid'. ls_data-carrid = ls_key-value.
      WHEN 'Connid'. ls_data-connid = ls_key-value.
      WHEN 'Fldate'. ls_data-fldate = ls_key-value.
    ENDCASE.
  ENDLOOP.
  "데이터 삭제
  DELETE sflight FROM ls_data.
ENDMETHOD.
```

CDS View ID가 Entity Set명이 된다는 것과 Entity Set명 뒤에 Type이 붙어 Entity Type명이 된다는 것 외에는 Free Style, MDS 방식과 다른 점이 없습니다. 이후 Fiori App을 개발하면서 Data Proiver Class의 로직을 같이 수정해나갈 예정입니다.

▶ Fiori App 복사

Master-Detail Report를 위한 신규 Fiori App을 생성해보도록 하겠습니다. SAPUI5에는 Master-Detail 형태의 데이터를 표현하기 위한 여러 Layout이 있지만 여기선 이전에 개발한 Fiori App을 복사·확장하여 구현해보겠습니다. SAPUI5 Project YSFLIGHT를 복사해서 YSPFLI Project를 생성합니다.

이전에 개발했던 List Report Project YSFLIGHT를 File System으로 Export합니다. "SAPUI5 Project → 마우스 오른쪽 클릭 → Export"를 하면 SAPUI5 Project가 다운로드 폴더에 저장됩니다.

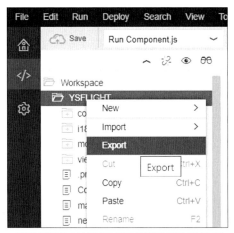

파일명 변경이나 다운로드 경로 변경은 되지 않습니다.

다운로드 폴더로 가서 Export된 YSFLIGHT.zip 파일의 이름을 YSPFLI.zip으로 변경합니다.

WebIDE에서 Workspace 노드를 선택하고 "마우스 오른쪽 클릭 → Import → From File System"을 클릭하여 변경한 SAPUI5 Project 파일을 Import합니다.

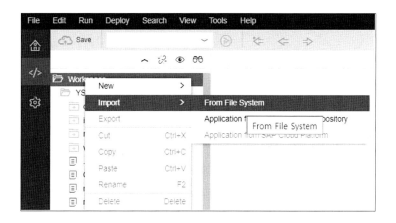

저장된 SAPUI5 Project 파일을 선택하고 나머지는 변경하지 않습니다.

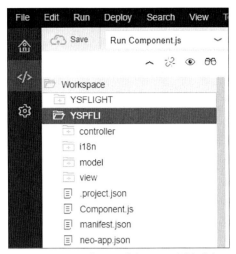

SAPUI5 Project "YSPFLI"가 Import되었습니다.

Import된 SAPUI5 Project의 manifest.json 파일을 보면 App ID가 이전 SAPUI5 Project ID인 ysflight입니다.

```
Component.js ×     manifest.json ×

 1▾ {
 2       "_version": "1.7.0",
 3▾      "sap.app": {
 4           "id": "ysflight",
 5           "type": "application",
 6           "i18n": "i18n/i18n.properties",
 7▾          "applicationVersion": {
 8               "version": "1.0.0"
 9               }
```

신규 복사한 Project YSPFLI 하위 파일들에 App ID를 기존 ysflight에서 yspfli로 모두 변경합니다. 변경이 필요한 파일은 manifest.json을 포함하여 모든 view.xml, controller.js, Component.js 등입니다.

또한 manifest.json에 dataSource도 새로 생성한 OData Service인 YGWSPFLI_SRV 로 변경합니다.

```
Component.js  ×    manifest.json  ×
 8              "version": "1.0.0"
 9          },
10          "title": "{{appTitle}}",
11          "description": "{{appDescription}}",
12 ▾        "dataSources": {
13 ▾            "MAIN_SRV": {
14                  "uri": "/sap/opu/odata/sap/YGWSPFLI_SRV/",
15                  "type": "OData",
16 ▾                "settings": {
17                      "odataVersion": "2.0",
18 ▾                    "annotations": [
19                          "annotation1"
20                      ]
```

▶ List(Query)

List.view.xml을 수정합니다. SmartFilterBar Control과 SmartTable Control이 바라보는 Entity Set을 SflightEntitySet에서 yspfil로 변경합니다.

```
…
<smartFilterBar:SmartFilterBar id="idSmartFilterBar" useToolbar="false" smartVariant="idSmartVariant"
entitySet="yspfli" persistencyKey="SmartFilter_Explored"/>
…
<smartTable:SmartTable id="idSmartTable" entitySet="yspfli" smartFilterId="idSmartFilterBar"
 useExportToExcel="true"    useVariantManagement="true" useTablePersonalisation="true"
 smartVariant="idSmartVariant" header="{i18n>listHeaderTitle}" tableType="ResponsiveTable"
showRowCount="true" enableAutoBinding="true" class="sapUiResponsiveContentPadding"
demandPopin="true">
…
```

▶ Annotation

SmartFilterBar Control의 검색 조건과 SmartTable Control의 출력 Column을 지정합니다. 이때 Annotations Target을 YGWFPFLI_SRV의 yspfilType으로 변경합니다.

```xml
<edmx:DataServices>
    <Schema xmlns="http://docs.oasis-open.org/odata/ns/edm">
        <Annotations Target="YGWSPFLI_SRV.yspfliType">
            <Annotation Term="UI.SelectionFields">
                <Collection>
                    <PropertyPath>Carrid</PropertyPath>
                    <PropertyPath>Connid</PropertyPath>
                </Collection>
            </Annotation>
            <Annotation Term="UI.LineItem">
                <Collection>
                    <Record Type="UI.DataField">
                        <PropertyValue Property="Value" Path="Carrid"/>
                    </Record>
                    <Record Type="UI.DataField">
                        <PropertyValue Property="Value" Path="Connid"/>
                    </Record>
                    <Record Type="UI.DataField">
                        <PropertyValue Property="Value" Path="Carrname"/>
                    </Record>
                    <Record Type="UI.DataField">
                        <PropertyValue Property="Value" Path="Countryfr"/>
                    </Record>
                    <Record Type="UI.DataField">
                        <PropertyValue Property="Value" Path="Cityfrom"/>
                    </Record>
                    <Record Type="UI.DataField">
                        <PropertyValue Property="Value" Path="Airpfrom"/>
                    </Record>
                    <Record Type="UI.DataField">
                        <PropertyValue Property="Value" Path="CountryTo"/>
                    </Record>
                    <Record Type="UI.DataField">
                        <PropertyValue Property="Value" Path="Cityto"/>
                    </Record>
                    <Record Type="UI.DataField">
                        <PropertyValue Property="Value" Path="Airpto"/>
                    </Record>
                </Collection>
            </Annotation>
        </Annotations>
    </Schema>
</edmx:DataServices>
```

CDS View를 사용한 RDS에서는 CDS View ID가 Entity Set명이 되고 Entity Type명은 Entity Set명 뒤에 Type 키워드가 추가됩니다.

실행화면

CDS View를 사용한 RDS로 모델링된 OData Service에 SmartFilterBar Control과 SmartTable Control을 연결하면, 모든 Entity의 Property들에 대해 필터와 정렬 기능을 사용할 수 있습니다.

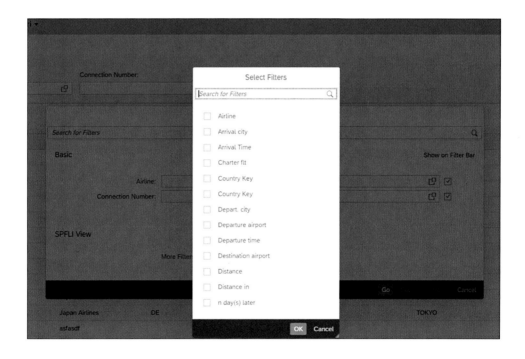

yspfli의 모든 Property가 Filter로 사용될 수 있습니다.

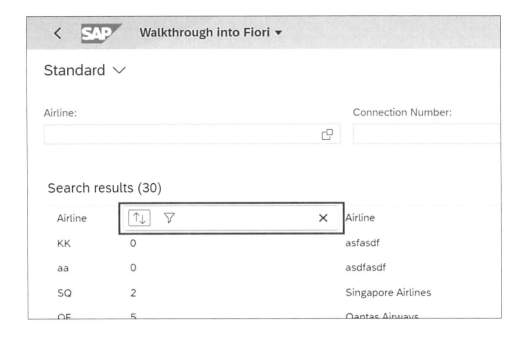

SmartTable Control의 Column 상단을 클릭하면 모든 Property에 대해 Sorting, Filtering 기능을 사용할 수 있습니다.

▶ Create

기존에 있던 Fragment SflightForm.fragment.xml을 참고해서 SpfliForm.fragement.xml을 신규 생성합니다. 신규 생성한 SpfliForm.fragment.xml을 Create.view.xml에 SflightFrom.fragment.xml 대신 적용합니다.

```xml
<core:FragmentDefinition xmlns:core="sap.ui.core" xmlns="sap.m" xmlns:smartForm="sap.ui.comp.smartform"
xmlns:smartField="sap.ui.comp.smartfield" xmlns:ui="sap.ui.table">
    <smartForm:SmartForm id="idForm" editable="{flagSet}/isEdit}">
        <smartForm:Group >
            <smartForm:GroupElement>
                <smartField:SmartField value="{Carrid}"/>
            </smartForm:GroupElement>
            <smartForm:GroupElement>
                <smartField:SmartField value="{Connid}"/>
            </smartForm:GroupElement>
            <smartForm:GroupElement>
                <smartField:SmartField value="{Carrname}"/>
```

```xml
            </smartForm:GroupElement>
        </smartForm:Group>
        <smartForm:Group >
            <smartForm:GroupElement>
                <smartField:SmartField value="{Countryfr}"/>
            </smartForm:GroupElement>
            <smartForm:GroupElement>
                <smartField:SmartField value="{Cityfrom}"/>
            </smartForm:GroupElement>
            <smartForm:GroupElement>
                <smartField:SmartField value="{Airpfrom}"/>
            </smartForm:GroupElement>
            <smartForm:GroupElement>
                <smartField:SmartField value="{Countryto}"/>
            </smartForm:GroupElement>
            <smartForm:GroupElement>
                <smartField:SmartField value="{Cityto}"/>
            </smartForm:GroupElement>
            <smartForm:GroupElement>
                <smartField:SmartField value="{Airpto}"/>
            </smartForm:GroupElement>
        </smartForm:Group>
        <smartForm:Group >
            <smartForm:GroupElement>
                <smartField:SmartField value="{Deptime}"/>
            </smartForm:GroupElement>
            <smartForm:GroupElement>
                <smartField:SmartField value="{Arrtime}"/>
            </smartForm:GroupElement>
            <smartForm:GroupElement>
                <smartField:SmartField value="{Distance}"/>
            </smartForm:GroupElement>
            <smartForm:GroupElement>
                <smartField:SmartField value="{Distid}"/>
            </smartForm:GroupElement>
            <smartForm:GroupElement>
                <smartField:SmartField value="{Fltype}"/>
            </smartForm:GroupElement>
            <smartForm:GroupElement>
                <smartField:SmartField value="{Period}"/>
            </smartForm:GroupElement>
        </smartForm:Group>
    </smartForm:SmartForm>
</core:FragmentDefinition>
```

SpfliForm.fragement.xml

```
…
<uxap:ObjectPageSection titleUppercase="false" title="{i18n>flightInfoInputTitle}">
    <uxap:subSections>
        <uxap:ObjectPageSubSection title="">
            <core:Fragment fragmentName="yspfli.view.fragment.SpfliForm" type="XML"/>
        </uxap:ObjectPageSubSection>
    </uxap:subSections>
</uxap:ObjectPageSection>
…
```

Create.view.xml에 Fragment를 변경합니다.

Create.controller.js의 _onObjectMatched 함수에 createEntry 대상 Entity Set을 yspfli로 변경합니다.

```
…
_onObjectMatched: function(oEvent) {
    var oModel = this.getView().getModel();
    oModel.metadataLoaded().then(function() {
        var oContext = oModel.createEntry("yspfli", null);
        this.getView().bindElement({
            path: oContext.getPath()
        });
    }.bind(this));
},
…
```

마지막으로 i18n.properties에 Text Element들을 Spfli에 맞게 변경합니다.

```
#Create
newTitle=New spfli info input
newSubTitle=Data create test
flightInfoInputTitle=Spfli info
```

Create View 실행화면

Create View 화면이 실행되었고, flagSet의 isEdit 속성값이 true로 설정되었기 때문에 SmartField들이 입력 가능한 상태로 출력되어야 하는데 그렇지 않습니다. Entity Set의 Creatable 속성값 설정을 하지 않아서 그런데, RDS로 생성한 OData Model은 SAP Gateway Service Builder에서 Entity Set의 속성을 변경할 수 없습니다.

MDS나 Free style Modeling 방식에서는 SAP Gateway Service Builder에서 Entity Set의 속성을 변경할 수 있었습니다.

RDS Modeling 방식에서는 Entity Set의 속성을 변경하기 위해 Model Provier Class에서 코딩해주거나 CDS View에 직접 Annotation을 추가해 Entity Set의 속성을 변경할 수 있습니다. CDS View yspfli 상단에 ObjectModel Annotation을 추가합니다.

```
@AbapCatalog.sqlViewName: 'YSPFLIB'
@AbapCatalog.compiler.compareFilter: true
@AbapCatalog.preserveKey: true
@AccessControl.authorizationCheck: #CHECK
@EndUserText.label: 'SPFLI View'

@ObjectModel.createEnabled: true
@ObjectModel.updateEnabled: true

define view yspfli
  as select from spfli as _spfli
association [1..1] to yscarr   as _scarr   on $projection.Carrid = _scarr.Carrid
…
```

이렇게 CDS View에 Annotation을 추가하면 SAP Gateway Project의 Entity Set에 속성값이 변경된 것을 확인할 수 있습니다.

이제 Create.view.xml에 SmartField들이 flagSet>/isEdit값에 따라 입력 가능한 상태로 변경됩니다.

▶ Value help

List Report Project에서 annotation.xml을 이용해 Carrid와 Connid Property에 Value Help를 추가했습니다. CDS View를 사용한 RDS 방식으로 Modeling된 OData Service도 동일하게 Value Help를 추가할 수 있습니다. 하지만 이번에는 CDS View에 직접 Annotation을 추가하는 방식으로 Value Help를 연결해보도록 하겠습니다.

CDS View yspfli에 Association _scarr를 추가하고 Carrid에 대해 Value Help를 연결합니다.

```
…
define view yspfli
  as select from spfli as _spfli
  association [1..1] to yscarr   as _scarr   on $projection.Carrid = _scarr.Carrid
  association [1..*] to ysflight as _sflight on $projection.Carrid = _sflight.Carrid
                                           and $projection.Connid = _sflight.Connid
{
    @Consumption.valueHelpDefinition: [{ entity:{name:'yscarr', element:'Carrid'} }]
  key _spfli.carrid    as Carrid,
  key _spfli.connid    as Connid,
..
//association
    _sflight,
    _scarr
…
```

SAP Gateway Service Builder에서 YGWSPFLI Project를 다시 Load하고(화면을 닫고 다시 Tcode SEGW를 입력하여 접속합니다), "Data Model → Data Source References → Exposures via SADL → CDS-Entity Exposures"를 더블클릭하여 _scarr 아래의 yscarr를 선택합니다.

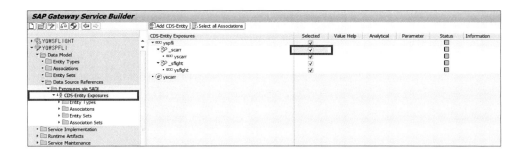

Gateway Project를 다시 Generate합니다. Fiori App의 Create View를 새로고침해보면 Airline에 Value Help가 연결되어 있습니다.

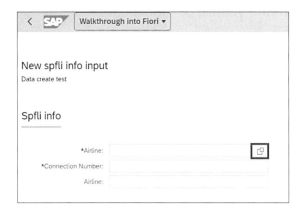

Value Help 버튼 클릭 시 CDS View에서 Association으로 지정한 _scarr 리스트가 출력됩니다.

이러한 Value Help 관련 Annotation은 Metadata를 통해서도 확인할 수 있습니다.

annotation.xml에서 Value Help를 등록했던 내용과 동일한 코드가 OData Service Metadata에 추가되어 있습니다.

Gateway Project YGWSFLIGHT의 Model Provider Class의 DEFINE Method를 참조하여 Carrid를 Combobox로 변경합니다.

```abap
METHOD define.
    super->define( ).


    DATA(lo_entity_type) = model->get_entity_type( iv_entity_name = 'yspfliType' ).
    DATA(lo_property) = lo_entity_type->get_property( iv_property_name = 'Carrid' ).
    DATA(lo_odata_annotation) = lo_property->/iwbep/if_mgw_odata_annotatabl~create_annotation(
            /iwbep/if_mgw_med_odata_types=>gc_sap_namespace ).
    lo_odata_annotation->add( iv_key = 'value-list' iv_value = 'fixed-values' ).
ENDMETHOD.
```

두둥! 화면에 아무것도 표시가 되지 않습니다. F12를 눌러 오류 메시지를 확인해보겠습니다.

"Error: This page contains the following errors:error on line 1 at column 3829: Attribute sap:value-list redefined"란 오류가 발생했습니다. Combobox로 변경하는 sap:value-list란 속성이 redefined되었다는 오류 내용입니다.

Error: This page contains the following errors:error on line 1 at column 3829: Attribute sap:value-list redefined   Log-dbg.js:456

CDS View에서 Carrid에 value list를 연결할 때 Carrid에는 value-list란 속성이 standard로 이미 정의되어 들어가게 됩니다.

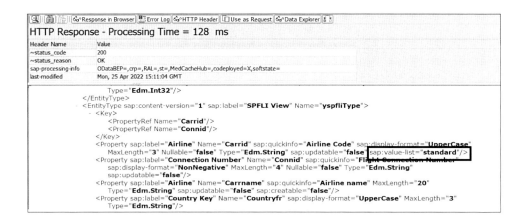

이미 할당된 속성값을 다시 추가(add)하니 오류가 발생하는 것입니다. Model Provider Class에서는 Property의 속성값을 추가만 할 수 있고 이미 할당된 속성값을 변경할 수 있는 기능은 제공하지 않습니다. CDS View에 Annotation을 추가하여 Combobox로 변경할 수도 있지만 SAP BASIS 버전에 따라 지원하지 않는 경우가 있으므로 annotation.xml에서 Combobox로 변경해보겠습니다.

Model Provider Class의 DEFINE Method 구현 부분을 삭제하고 Fiori App의 annotation.xml 파일에 아래 코드를 추가합니다.

```
...
<Annotations Target="YGWSPFLI_SRV.yspfliType/Carrid">
    <Annotation Term="Common.ValueListWithFixedValues"/>
</Annotations>
<Annotations Target="YGWSPFLI_SRV.yscarrType/Carrid">
    <Annotation Term="Common.Text" Path="Carrname">
        <Annotation Term="UI.TextArrangement"
        EnumMember="UI.TextArrangementType/TextOnly"/>
    </Annotation>
</Annotations>
...
```

화면에 두 번째로 보이는 Airline은 CDS View yscarr의 Carrname Property입니다.
CDS View yspfli의 Carrid Property가 Combobox로 변경되었으므로 더 이상 필요
하지 않으니 삭제하고 데이터가 정상적으로 저장되는지 테스트해봅니다.

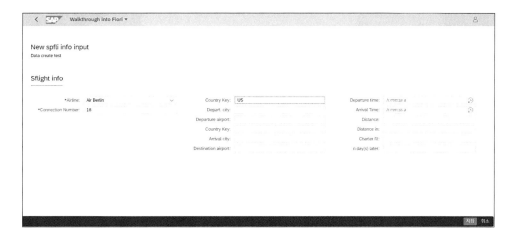

Gateway Project의 Data Provider Class에 디버깅을 설정하여 데이터가 정상적으로
전달되는지 확인해봅니다.

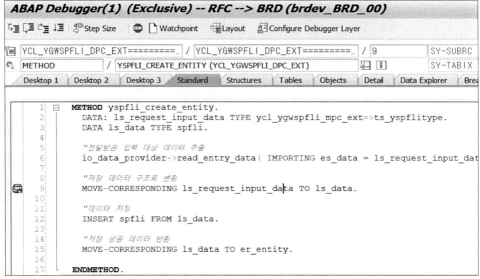

ABAP External Debugging을 지정합니다.

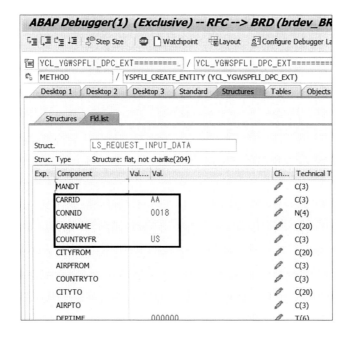

데이터가 정상적으로 저장되면 List에서 조회됩니다.

▶ Detail(Read)

Detail.view.xml의 SflightForm.fragment.xml도 SpfliForm.fragment.xml로 변경합니다.

```
…
<uxap:ObjectPageSection titleUppercase="false" title="{i18n>flightInfoInputTitle}">
    <uxap:subSections>
        <uxap:ObjectPageSubSection title="">
            <core:Fragment fragmentName="ysflight.view.fragment.SpfliForm" type="XML"/>
        </uxap:ObjectPageSubSection>
    </uxap:subSections>
</uxap:ObjectPageSection>
…
```

- ObjectPageSection 추가

Spfli info ObjectPageSection 밑에 Entity Set ysflight의 정보를 추가로 출력하기 위해서
ObjectPageSection을 신규로 추가하고 SflightListForm.fragment.xml을 입력합니다.

```
…
<uxap:ObjectPageSection titleUppercase="false" title="{i18n>flightInfoInputTitle}">
    <uxap:subSections>
        <uxap:ObjectPageSubSection title="">
            <core:Fragment fragmentName="ysflight.view.fragment.SflightListForm" type="XML"/>
        </uxap:ObjectPageSubSection>
    </uxap:subSections>
</uxap:ObjectPageSection>
…
```

Entity Set ysflight를 출력하기 위해 SflightListForm.fragment.xml을 신규 생성합니다.

```
<core:FragmentDefinition xmlns:core="sap.ui.core" xmlns="sap.m"
xmlns:smartTable="sap.ui.comp.smarttable">
    <smartTable:SmartTable id="idSmartTable" entitySet="ysflight" tableBindingPath="to_sflight"
        useExportToExcel="false" useTablePersonalisation="true" tableType="ResponsiveTable"
         showRowCount="true" enableAutoBinding="true" class="sapUiResponsiveContentPadding"
         demandPopin="true">
        <smartTable:items>
            <Table growing="true" growingScrollToLoad="true" fixedLayout="false"
                itemPress="handleItemPress" mode="SingleSelectMaster">
                <ColumnListItem type="Navigation"/>
            </Table>
        </smartTable:items>
    </smartTable:SmartTable>
</core:FragmentDefinition>
```

☑ Entity Set ysflight를 Binding하는 SmartTable Control을 생성하고 tableBindingPath를
   to_sflight로 지정합니다.

☑ tableBindingPath를 따로 입력하지 않으면 Binding된 entitySet을 사용하게 되지만, 임의로
   Path를 지정하면 해당 Path의 데이터를 Binding하게 됩니다.

☑ to_sflight는 Entity yspfli가 ysflight를 Association하면서 만들어진 Navigation Property입니다.

i18n.properties에 관련 Text Element도 추가합니다.

```
…
spfliInfoInputTitle=Spfli info
flightInfoInputTitle=Sflight info
…
```

이제 SmartTable에 출력할 Column을 지정해야 합니다. annotation.xml에 Entity Type ysflightType에 대한 Annotation을 추가하여 기본 출력 Column을 지정합니다.

```
…
<Annotations Target="YGWSPFLI_SRV.ysflightType">
    <Annotation Term="UI.LineItem">
        <Collection>
            <Record Type="UI.DataField">
                <PropertyValue Property="Value" Path="Carrid"/>
            </Record>
            <Record Type="UI.DataField">
                <PropertyValue Property="Value" Path="Connid"/>
            </Record>
            <Record Type="UI.DataField">
                <PropertyValue Property="Value" Path="Fldate"/>
            </Record>
            <Record Type="UI.DataField">
                <PropertyValue Property="Value" Path="Price"/>
            </Record>
        </Collection>
    </Annotation>
</Annotations>
…
```

Navigation Property에 대해 추가적으로 설명해보겠습니다.

CDS View yspfli는 ysflight와 Association을 연결했습니다. 이렇게 Association을 연결하면 OData Model의 Entity Type yspfliType에서 Entity Set ysflight로 to_sflight란 Navigation Property를 통해 이동할 수 있게 됩니다.

Navigation Property명은 Association명 앞에 to가 붙으면서 to_sflight가 됩니다. 이렇기 때문에 Association명 맨 앞을 언더바(_)로 시작하게 되면 가독성을 높일 수 있습니다.

Navigation Property는 Entity Type에 속하는 다른 일반 Property처럼 접근할 수 있습니다. 여기서는 SmartTable Control의 tableBindingPath 속성에 Navigation Property를 지정함으로써 Entity Set ysflight 데이터를 Binding했습니다.

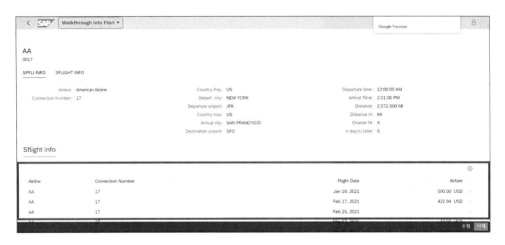

▶ Label Text

Entity Set ysflight의 Airline(Carrid)는 항공사 코드이기 때문에 가독성이 떨어집니다. 항공사명인 Carrname을 대신 출력하여 가독성을 높일 수 있습니다. CDS View ysflight에 Carrname을 추가합니다.

```
..
define view ysflight
  as select from sflight as t1
  association [1..1] to yscarr as _scarr on $projection.Carrid = _scarr.Carrid
{
  key t1.carrid    as Carrid,
  key t1.connid    as Connid,
  key t1.fldate    as Fldate,
      _scarr.Carrname,
..
```

추가된 Carrname Property를 직접 출력하는 것보다는 ysflightType의 Carrid에 Annotation을 추가하여 Code 대신 Text로 출력되도록 합니다. annotation.xml에

Text 출력 Annotation을 추가합니다.

```
...
<Annotations Target="YGWSPFLI_SRV.ysflightType/Carrid">
    <Annotation Term="Common.Text" Path="Carrname">
        <Annotation Term="UI.TextArrangement"
            EnumMember="UI.TextArrangementType/TextOnly"/>
    </Annotation>
</Annotations>
...
```

실행화면: Carrid가 Carrname으로 변환되어 출력됩니다.

▶ App 간 이동(Cross navigation)

Entity Set ysflight의 Line Item을 클릭할 경우 이전에 개발했던 List Report App YSFLIGHT의 Detail 화면으로 이동하는 기능을 구현해볼 수 있습니다. 이 기능을 구현하기 위해서는 Fiori App들이 모두 Fiori Launchpad에 Deploy되어 있고 Semantic object와 Action이 할당되어 있어야 합니다(WebIDE에서는 Test해볼 수 없습니다). 여기선 List Report App YSFLIGHT의 Semantic object가 YSFLIGHT로, Action이 manage 로 할당되어 있다고 가정합니다.

SflightListForm.fragement.xml의 SmartTable Control에 requestAtLeastFields property를 추가합니다. requestAtLeastFields property는 반드시 값을 얻어와야 하는 Property들을 지정합니다. SmartTable Control은 동작 속도를 높이기 위해 실제로 사용자가 출력하는 Column의 Property만 선택적으로 값을 받아옵니다. 프로그래밍상 꼭 필요한 Property 값이라면 requestAtLeastFields에 지정하여야 합니다.

```
…
<smartTable:SmartTable id="idSmartTable" entitySet="ysflight" tableBindingPath="to_sflight"
useExportToExcel="false" useTablePersonalisation="true" app:useSmartField="true"
editable="{flagSet>/isEdit}" tableType="ResponsiveTable" showRowCount="true"
requestAtLeastFields="Carrid,Connid,Fldate" enableAutoBinding="true" class="sapUiResponsiveCont
entPadding" demandPopin="true">
<smartTable:items>
…
```

이제 Detail.controller.js에 handleItemPress란 Event Handler를 추가합니다.

```
…
handleItemPress: function(oEvent) {
    var oItem = oEvent.getSource().getSelectedItem().getBindingContext().getObject();
    var sPath = this.getView().getModel().createKey("/ysflight", {
        Carrid: oItem.Carrid,
        Connid: oItem.Connid,
        Fldate: oItem.Fldate
    });
    sPath = sPath.replace("/ysflight","/SflightEntitySet");
    var oCrossAppNav = sap.ushell.Container.getService("CrossApplicationNavigation");
    oCrossAppNav.toExternal({
        target: {
            shellHash: "YSFLIGHT-manage&/Detail" + sPath
        }
    });
}
…
```

☑ 사용자가 선택한 Line Item의 데이터 Object를 가져옵니다.

☑ Entity Set ysflight의 Key Property를 바탕으로 Entry Path를 생성합니다.

☑ List Report App YSFLIGHT에서는 Entity가 SflightEntity이므로 Entity명을 변경합니다.

☑ CrossApplicationNavigation 객체를 통해 Entry Path에 해당하는 Detail 화면으로 이동합니다.

manifest.json에 External Routing을 지정하여 Cross Navigation을 구현할 수도 있지만 여기선 다루지 않습니다.

▶ Modify(Update)

수정 버튼을 눌러 수정 모드로 변경합니다. Key Property인 Carrid와 Connid도 값을 변경할 수 있는 상태로 출력되기 때문에 이를 수정할 필요가 있습니다.

Model Provider Class의 DEFINE Method에서 yspfliType Entity의 수정 불가 Property들을 지정합니다.

```
METHOD define.
  super->define( ).

  DATA(lo_entity_type) = model->get_entity_type( iv_entity_name = 'yspfliType' ).
  DATA(lo_property) = lo_entity_type->get_property( iv_property_name = 'Carrid' ).
  lo_property->set_updatable( abap_false ).

  lo_property = lo_entity_type->get_property( iv_property_name = 'Connid' ).
  lo_property->set_updatable( abap_false ).

ENDMETHOD.
```

Master인 yspfli를 수정할 때 Detail인 ysflight도 일괄 수정 기능을 제공할 수 있습니다. Spfli info Detail 하단의 Sflight info 리스트도 Update 기능을 추가하기 위해서 SflightListForm.fragement.xml의 SmartTable control에 edit 속성을 flagSet>/isEdit으로 변경합니다.

SmartTable Control에서 직접 값을 변경하기 위해서는 useSmartField 속성값도 true 로 지정해야 합니다. useSmartField 속성값을 true로 해야 SmartTable Control 안의 OData Model Property들이 SmartField Control을 사용하여 출력됩니다. 이 값이 false인 경우 단순 Text로 출력되어 수정 기능을 사용할 수 없습니다.

```xml
<core:FragmentDefinition xmlns:core="sap.ui.core" xmlns="sap.m" xmlns:smartTable="sap.ui.comp.smarttable"
    xmlns:app="http://schemas.sap.com/sapui5/extension/sap.ui.core.CustomData/1">
    <smartTable:SmartTable id="idSmartTable" entitySet="ysflight" tableBindingPath="to_sflight"

        useExportToExcel="false" useTablePersonalisation="true" app:useSmartField="true"
        editable="{flagSet>/isEdit}"
...
```

이제 CDS View ysflight에도 Annotation을 추가해 수정 기능을 사용할 수 있게 합니다.

```
@EndUserText.label: 'SFLIGHT View'
…
@ObjectModel.updateEnabled: true

define view ysflight
as select from sflight as t1
…
```

Sflight info에 출력되고 있는 Carrid, Connid, Fldate Property는 모두 Key Property이므로 수정 불가 처리가 필요합니다. Model Provider Class에서 3개 Property 모두 수정 불가 처리합니다.

```
…
lo_entity_type = model->get_entity_type( iv_entity_name = 'ysflightType' ).
lo_property = lo_entity_type->get_property( iv_property_name = 'Carrid' ).
lo_property->set_updatable( abap_false ).
lo_property = lo_entity_type->get_property( iv_property_name = 'Connid' ).
lo_property->set_updatable( abap_false ).
lo_property = lo_entity_type->get_property( iv_property_name = 'Fldate' ).
lo_property->set_updatable( abap_false ).
…
```

Sflight info의 Carrid와 Connid의 경우는 Spfli와 연결되는 Key값이기 때문에 Spfli info에 이미 출력되고 있는 값입니다. annotation.xml 파일에서 ysflightType의 Carrid와 Connid를 출력 제외 처리합니다. 대신 Plantype, Seatsmax, Seatsocc, Paymentsum 등의 Property를 출력합니다.

```xml
…
<Annotations Target="YGWSPFLI_SRV.ysflightType">
    <Annotation Term="UI.LineItem">
        <Collection>
            <!--<Record Type="UI.DataField">-->
            <!-- <PropertyValue Property="Value" Path="Carrid"/>-->
            <!--</Record>-->
            <!--<Record Type="UI.DataField">-->
            <!-- <PropertyValue Property="Value" Path="Connid"/>-->
            <!--</Record>-->
            <Record Type="UI.DataField">
                <PropertyValue Property="Value" Path="Fldate"/>
            </Record>
            <Record Type="UI.DataField">
                <PropertyValue Property="Value" Path="Price"/>
            </Record>
            <Record Type="UI.DataField">
                <PropertyValue Property="Value" Path="Planetype"/>
            </Record>
            <Record Type="UI.DataField">
                <PropertyValue Property="Value" Path="Seatsmax"/>
            </Record>
            <Record Type="UI.DataField">
                <PropertyValue Property="Value" Path="Seatsocc"/>
            </Record>
            <Record Type="UI.DataField">
                <PropertyValue Property="Value" Path="Paymentsum"/>
            </Record>
        </Collection>
    </Annotation>
</Annotations>
…
```

실행화면

Airfare와 Booking total의 경우 OData Model에서 Currency Property가 Unit으로 연결되어 있어서 자동으로 Currency가 출력되고 있습니다. 그러나 수정 모드로 출력되고 있고 또 여러 Property가 동일한 Currency Property를 바라보기 때문에 Currency값을 수정할 경우 문제가 생길 수 있습니다. Model Provider Class에서 수정 불가 처리합니다.

```
...
    lo_property = lo_entity_type->get_property( iv_property_name = 'Currency' ).
    lo_property->set_updatable( abap_false ).
...
```

이제 수정 기능을 위한 화면은 모두 준비되었으니 값을 수정하여 정상적으로 동작하는지 확인해보겠습니다. Master Entity인 Spfli와 Detail Entity인 Sflight의 데이터를 동시에 수정을 하게 되면 여러 개의 Request가 아닌 하나의 Request로 Transaction 처리가 되어야 합니다. 두 Entity 모두 하나의 OData Model 안에 존재하고 저장 Event Handler인 handleSave 함수에서 OData Model에 대한 submitChanges 함수를 사용했기 때문에 SAPUI5는 동일한 OData Model에서 수정이 일어난 Entity들의 데이터를 하나의 Request로 묶어 처리해줍니다.

```
Detail.controller.js ×

25 ▾        handleSave: function() {
26              var oResourceBundle =
27                  this.getOwnerComponent().getModel("i18n").getResourceBundle(),
28                  oView = this.getView(),
29                  oModel = oView.getModel(),
30                  oSmartForm = oView.byId("idForm");
31 ▾            if (oSmartForm.check().length > 0) {
32                  sap.m.MessageBox.error(oResourceBundle.getText("msgCheckMandatory"));
33                  return;
34              }
35 ▾            oModel.submitChanges({
36 ▾                success: function(oData, oResp) {
37                      sap.m.MessageToast.show(oResourceBundle.getText("msgSaveSuccessfully"));
38                      this.navTo("List", null, false);
39                  }.bind(this),
40 ▾                error: function(oError) {
41 ▾                    if (oError.statusCode === 500) {
42                          sap.m.MessageToast.show(oResourceBundle.getText("msgUpdateError"));
43 ▾                    } else {
44                          sap.m.MessageToast.show(JSON.parse(oError.responseText).error.message.value);
45                      }
46                  }
47              });
48          },
```

Detail.controller.js의 handleSave 함수는 OData Model의 submitChange 함수를
사용하여 수정 내역을 일괄 반영합니다.

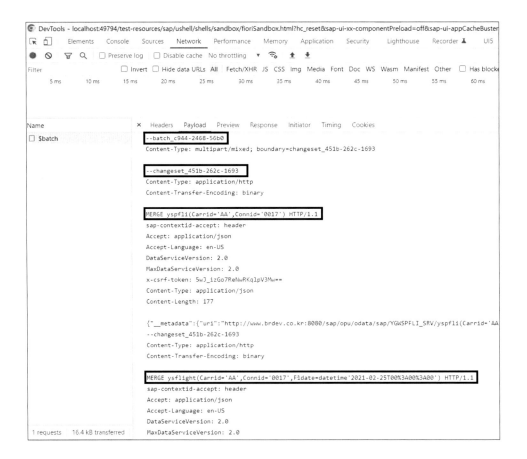

크롬 브라우저의 개발자 모드에서 Network 탭을 보면 여러 MERGE Method가 하나의 Batch Transaction에 묶여 동일한 changeset으로 실행되는 것을 확인할 수 있습니다. 확인을 위해 Sflight Entity를 Update할 때 임의로 오류를 발생시켜 동일한 Batch Request로 요청된 Spfli Entity의 Update도 Rollback되는지 보겠습니다. Data Provider Class의 YSFLIGHTSET_UPDATE_ENTITY Method에 오류 처리 로직을 추가합니다.

```
METHOD ysflight_update_entity.
    DATA: ls_request_input_data TYPE ycl_ygwspfli_mpc_ext=>ts_ysflighttype.
    DATA ls_data TYPE sflight.

    RAISE EXCEPTION TYPE /iwbep/cx_mgw_busi_exception
      EXPORTING
        textid  = /iwbep/cx_mgw_busi_exception=>business_error
        message = 'Error'.

...
```

YSFLIGHTSET_UPDATE_ENTITY에서 오류가 발생하면 Spfli 데이터도 변경이 일어나지 않는 것을 확인할 수 있습니다.

이후 진행을 위해 추가했던 오류 처리 로직은 삭제합니다.

▶ Delete

Spfli Entity에 삭제 Request 요청 시, 연결된 Entity인 Sflight 데이터를 일괄 삭제할 수도 있고, 삭제 요청과 관련된 데이터가 있으면 삭제를 못 하게 오류 처리를 할 수도 있습니다. 여기선 SFLIGHT Table에 연관 값이 있으면 삭제가 불가하도록 오류 처리를 해보겠습니다. Data Provider Class의 YSPFLI_DELETE_ENTITY 로직을 수정합니다.

```abap
METHOD yspfli_delete_entity.
    DATA ls_data TYPE spfli.
    "전달받은 KEY값 확인
    LOOP AT it_key_tab INTO DATA(ls_key).
      CASE ls_key-name.
        WHEN 'Carrid'. ls_data-carrid = ls_key-value.
        WHEN 'Connid'. ls_data-connid = ls_key-value.
      ENDCASE.
    ENDLOOP.

  SELECT COUNT(*) INTO sy-dbcnt
   FROM sflight
   WHERE carrid = ls_data-carrid
     AND connid = ls_data-connid.

  IF sy-dbcnt > 0.
    RAISE EXCEPTION TYPE /iwbep/cx_mgw_busi_exception
      EXPORTING
        textid  = /iwbep/cx_mgw_busi_exception=>business_error
        message = 'Sflight에 정보가 있어 삭제할 수 없습니다.'.
  ENDIF.
…
```

이제 Detail.controller.js에 삭제 버튼 클릭 Event Handler에 오류 처리 로직을 추가합니다.

```
…
_deleteData: function() {
    var oModel = this.getView().getModel(),
        sPath = this.getView().getBindingContext().getPath();
    oModel.remove(sPath, {
        success: function() {
            this.navTo("List", null, false);
        }.bind(this),
        error: function(oError) {
            if (oError.statusCode === "400") {
                var oMsg = JSON.parse(oError.responseText);
                sap.m.MessageBox.show(oMsg.error.message.value);
            }
        }
    });
}
```

오류 처리 실행화면

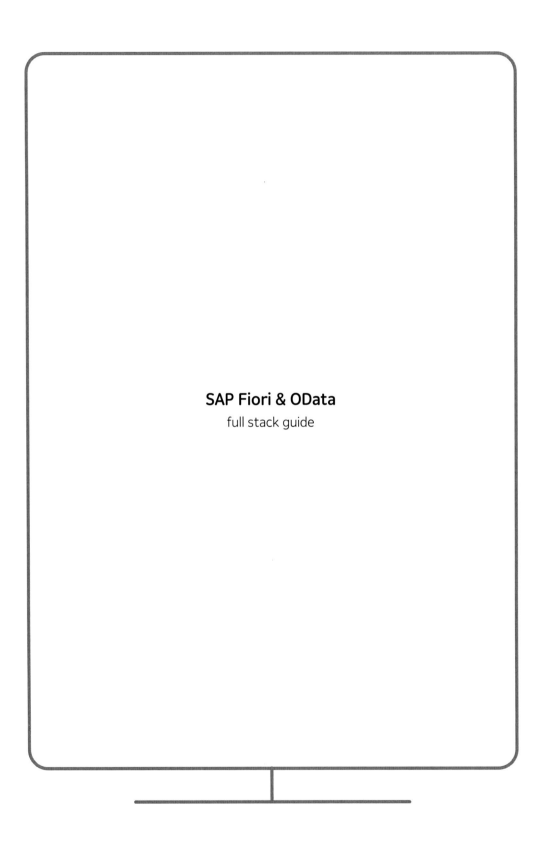

SAP Fiori & OData

full stack guide

PART VI

PART I

PART II

PART III

PART IV

PART V

PART VI

PART VII

PART VI

Additional Features Project

제품정보 관리 및 주문 생성 Fiori App

이번 장에서는 Rich Text Editor, Upload Set(첨부파일), Deep Entity 기능에 대해 알아봅니다.

Rich Text Editor는 각종 폰트, 표, 이미지 등을 입력하고 저장할 수 있는 Control입니다. SAPUI5는 TinyMCE라는 오픈소스 Editor를 사용합니다.

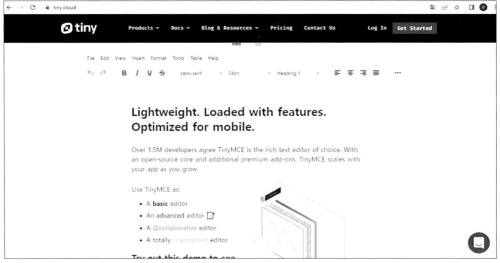

TinyMCE의 공식 홈페이지에 게시된 Editor 모습

우리는 Rich Text Editor를 이용해 제품의 상세 정보를 관리할 예정입니다.

Upload Set은 여러 개의 첨부파일을 일괄 처리하게 해주는 SAPUI5의 Control입니다. 하나의 첨부파일을 처리하는 File Uploader라는 Control도 있지만 여러 개 파일에 대한 일괄 처리, 파일 리스트 출력, 다운로드 등의 기능을 제공하는 Upload Set Control을 사용해보겠습니다.

SAPUI5 API 사이트에 Sample로 제공되는 Upload Set의 모습

OData Model의 Deep Entity는 계층구조의 데이터를 일괄 처리할 때 사용할 수 있는 기능입니다. 앞서 진행했던 Master-Detail의 경우는 Master 데이터를 생성하고 Detail 데이터를 나중에 생성해도 문제가 되지 않습니다. 즉 데이터는 연관되어 있지만 데이터 생성 프로세스는 독립적이어도 된다는 뜻입니다. 하지만 판매 주문과 같은 경우는, 주문 데이터(Sales order)와 주문항목 데이터(Sales order item)가 동시에 생성되어야 합니다. 이렇게 계층구조의 데이터가 하나의 프로세스로 처리되어야 할 때 OData Model의 Deep Entity 기능을 사용할 수 있습니다.

이 3가지 기능 구현을 위해서 간단한 제품정보 관리 Fiori App과 주문 생성 Fiori App을 개발해보겠습니다.

제품·주문 관리 Table

우선 ABAP Table부터 생성해보겠습니다. Table은 제품마스터 YPROD, 주문정보 YSALESORDER, 주문항목 YSOITEM 이렇게 3개를 생성합니다. 이 책은 ABAP 교육을 목적으로 하지 않기 때문에 Table 생성에 대한 설명을 따로 하지는 않겠습니다. 또한 Table의 Field들도 최대한 단순하게 생성할 예정입니다.

▶ 제품마스터 Table

☑ PRODID를 Key로 가지는 간단한 구조로 생성합니다.
☑ Rich Text Editor로 제품정보 상세 내역을 입력하기 위해 CONTENT라는 STRING Type의 필드를 추가했습니다.

▶ 제품 Search help

제품마스터 Table을 조회할 수 있는 Search Help입니다. 제품마스터 Table의 PRO-DID, TITLE 전체를 조회하도록 생성합니다.

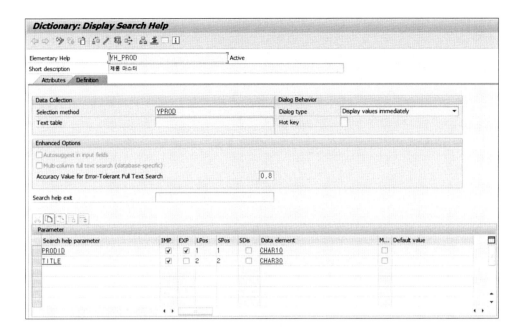

▶ 주문정보 Table

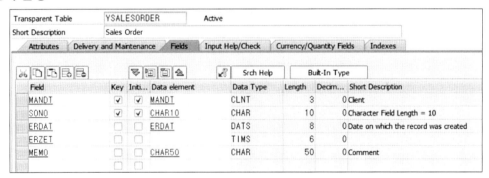

Field	Key	Initi...	Data element	Data Type	Length	Decim...	Short Description
MANDT	✓	✓	MANDT	CLNT	3	0	Client
SONO	✓	✓	CHAR10	CHAR	10	0	Character Field Length = 10
ERDAT	☐	☐	ERDAT	DATS	8		Date on which the record was created
ERZET	☐	☐		TIMS	6	0	
MEMO	☐	☐	CHAR50	CHAR	50	0	Comment
	☐	☐					

▶ 주문항목 Table

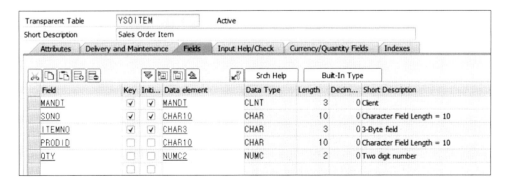

Field	Key	Initi...	Data element	Data Type	Length	Decim...	Short Description
MANDT	✓	✓	MANDT	CLNT	3	0	Client
SONO	✓	✓	CHAR10	CHAR	10	0	Character Field Length = 10
ITEMNO	✓	✓	CHAR3	CHAR	3	0	3-Byte field
PRODID	☐	☐	CHAR10	CHAR	10	0	Character Field Length = 10
QTY	☐	☐	NUMC2	NUMC	2	0	Two digit number
	☐	☐					

PRODID Field에는 제품마스터 Table의 PRODID가 입력됩니다. 위에서 생성한
Search Help YH_PROD와 연결합니다.

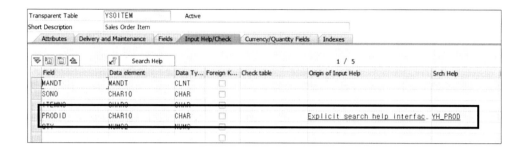

이렇게 Table 생성 단계에서 Search Help를 연결하면 이후 SAP Gateway Service
Builder에서 OData Model 생성 시 Import 기능을 사용하여 관련 Entity를 자동 생
성할 수 있습니다.

신규 생성한 Table들을 OData Service로 만들어줄 SAP Gateway Project를 생성합니다. 생성된 Project는 OData Service로 등록하고 Metadata를 확인해봅니다.

▶ SAP Gateway Project

Project ID는 YGWPRODSO로 하겠습니다. Data Model에서 Table YPROD, YSALE-SORDER, YSOITEM을 Import하여 Entity Type Product, SalesOrder, SalesOrder-Item을 만들고 Entity Set도 함께 생성합니다. YSOITEM을 Import할 때는 PRODID Field에 연결된 Search Help YH_PROD도 함께 Import하여 Entity YhProd도 생성되게 합니다.

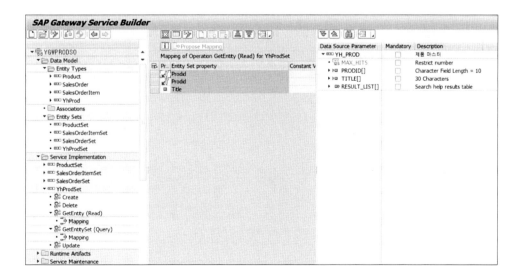

생성된 Entity Type은 아래와 같습니다.

Entity Types														
☐ Name	ABAP Structure	Base Type	Abstr..	Label		La..	Semantics	Thing	Media	Author	ETag	Published	Title	Updated
Product	YPROD		☐			I		☐	☐					
SalesOrder	YSALESORDER		☐			I		☐	☐					
SalesOrder..	YSOITEM		☐			I		☐	☐					
YhProd			☐			I		☐	☐					

함께 생성한 Entity Set은 아래와 같이 속성값들을 설정하여 입력, 수정, 삭제 등의 기능이 동작할 수 있도록 합니다.

Entity Sets													
☐ Name	Entity Type Name	Label	La..	Semantics	Creat..	Upda..	Delet..	Page..	Addr..	Searc..	Subs..	Req..
ProductSet	Product		I		✓	✓	✓	☐	✓	☐	☐	☐
SalesOrderItemSet	SalesOrderItem		I		☐	☐	☐	☐	✓	☐	☐	☐
SalesOrderSet	SalesOrder		I		✓	✓	✓	☐	✓	☐	☐	☐
YhProdSet	YhProd		I		☐	☐	☐	☐	✓	☐	☐	☐

Entity Type들의 Property들 속성은 아래와 같이 설정합니다.

Properties																
☐ Name	Is Key	Edm Type	Prec.	Scale	Max	Unit Prop.	Creat..	Upda..	Sorta..	Nulla..	Filt.	Label	La..	Comp. Type	ABAP Field	A..	Semantics
Prodid	✓	Edm.String	0	0	10		✓		☐	☐	✓	Product ID	I		PRODID	☐	
Title	☐	Edm.String	0	0	30		✓	✓	☐	☐	✓	Title	I		TITLE	☐	
Content	☐	Edm.String	0	0	0		✓	✓	☐	☐	☐	Detail Info	I		CONTENT	☐	

Product Entity Type

Properties																
☐ Name	Is Key	Edm Type	Prec.	Scale	Max	Unit Prop.	Creat..	Upda..	Sorta..	Nulla..	Filt.	Label	La..	Comp. Type	ABAP Field	A..	Semantics
Sono	✓	Edm.String	0	0	10		✓		☐	☐	✓	Sales Order No	I		SONO	☐	
Erdat	☐	Edm.DateTi..	7	0	0		☐		☐	☐	☐	Created On	I		ERDAT	☐	
Erzet	☐	Edm.String	0	0	0		☐		☐	☐	☐	Create time	I		ERZET	☐	
Memo	☐	Edm.String	0	0	50		✓	✓	☐	☐	✓	Customer memo	I		MEMO	☐	

SalesOrder Entity Type

Properties																
☐ Name	Is Key	Edm Type	Prec.	Scale	Max	Unit Prop.	Creat..	Upda..	Sorta..	Nulla..	Filt.	Label	La..	Comp. Type	ABAP Field	A..	Semantics
Sono	✓	Edm.String	0	0	10		☐	☐	☐	☐	☐	Sales Order..	I		SONO	☐	
Itemno	✓	Edm.String	0	0	3		☐	☐	☐	☐	☐	Item No	I		ITEMNO	☐	
Prodid	☐	Edm.String	0	0	10		✓	☐	☐	☐	☐	Product ID	I		PRODID	☐	
Qty	☐	Edm.String	0	0	3		✓	☐	☐	☐	☐	Order Qty	I		QTY	☐	

SelesOrderItem Entity Type

Properties																
☐ Name	Is Key	Edm Type	Prec.	Scale	Max	Unit Prop.	Creat..	Upda..	Sorta..	Nulla..	Filt.	Label	La..	Comp. Type	ABAP Field	A..	Semantics
Prodid	✓	Edm.String	0	0	10		☐	☐	☐	☐	☐	Product ID	I		PRODID	☐	
Title	☐	Edm.String	0	0	30		☐	☐	☐	☐	☐	Title	I		TITLE	☐	

YhProd Entity Type

▶ Data Provider Class

이제 Data Provider Class를 Redefine합니다. 제품마스터와 주문정보에 대한 단순 CRUDQ 기능이라 따로 설명은 하지 않겠습니다. 각 Method의 소스코드를 첨부하니 로직을 작성해보시기 바랍니다.

- PRODUCTSET_GET_ENTITYSET

```abap
METHOD productset_get_entityset.
    DATA : lt_entityset TYPE ycl_ygwprodso_mpc=>tt_product,
           ls_entity     TYPE ycl_ygwprodso_mpc=>ts_product,
           lr_prodid     TYPE RANGE OF ycl_ygwprodso_mpc=>ts_product-prodid,
           lr_title      TYPE RANGE OF ycl_ygwprodso_mpc=>ts_product-title.


    DATA(lo_filter) = io_tech_request_context->get_filter( ). "filter parameter object
    DATA(lt_filter_select_options) = lo_filter->get_filter_select_options( ). "filter parameter
    DATA(lv_top) = io_tech_request_context->get_top( ) + is_paging-skip. "검색 속도 향상을 위한 최대 조회

    LOOP AT lt_filter_select_options INTO DATA(ls_filter). " filter확인
      CASE ls_filter-property.
        WHEN 'PRODID'. "filter property의 abap name확인
          lo_filter->convert_select_option( EXPORTING is_select_option = ls_filter
                                            IMPORTING et_select_option = lr_prodid ).
        WHEN 'TITLE'.
          lo_filter->convert_select_option( EXPORTING is_select_option = ls_filter
                                            IMPORTING et_select_option = lr_title ).
      ENDCASE.
    ENDLOOP.
    "호출 종류 확인
    IF io_tech_request_context->has_count( ). " 반환 entity의 전체 건수만 확인
      SELECT COUNT( * ) INTO sy-dbcnt
      FROM yprod
      WHERE prodid IN lr_prodid
        AND title IN lr_title.
      es_response_context-count = sy-dbcnt.
    ELSE." 반환 entity의 paging된 데이터확인
```

```
    SELECT *
    INTO CORRESPONDING FIELDS OF TABLE lt_entityset
    UP TO lv_top ROWS "현재 page에 맞는 최대 조회 건수
    FROM yprod
    WHERE prodid IN lr_prodid
      AND title IN lr_title
    ORDER BY prodid.


  LOOP AT lt_entityset INTO ls_entity FROM is_paging-skip + 1. "현재 page에 맞는 데이터만 반환(paging)
    APPEND ls_entity TO et_entityset.
    CLEAR ls_entity.
  ENDLOOP.
  ENDIF.
ENDMETHOD.
```

- PRODUCTSET_GET_ENTITY

```
METHOD productset_get_entity.
  DATA ls_data TYPE yprod.
  "전달받은 key property 값
  LOOP AT it_key_tab INTO DATA(ls_key).
    CASE ls_key-name.
      WHEN 'Prodid'. ls_data-Prodid = ls_key-value.
    ENDCASE.
  ENDLOOP.
  "key를 바탕으로 데이터 1건 검색
  SELECT SINGLE *  INTO ls_data  FROM yprod
  WHERE Prodid = ls_data-Prodid.

  CHECK sy-subrc EQ 0.
  "데이터 반환
  MOVE-CORRESPONDING ls_data TO er_entity.
ENDMETHOD.
```

- PRODUCTSET_CREATE_ENTITY

```
METHOD productset_create_entity.
    DATA: ls_request_input_data TYPE ycl_ygwprodso_mpc_ext=>ts_product.
    DATA ls_data TYPE yprod.
    "전달받은 입력 대상 데이터 추출
    io_data_provider->read_entry_data( IMPORTING es_data = ls_request_input_data ).
    "저장 데이터 구조로 변환
    MOVE-CORRESPONDING ls_request_input_data TO ls_data.
    "데이터 저장
    INSERT yprod FROM ls_data.
    "저장 성공 데이터 반환
    MOVE-CORRESPONDING ls_data TO er_entity.
  ENDMETHOD.
```

- PRODUCTSET_UPDATE_ENTITY

```
METHOD productset_update_entity.
    DATA: ls_request_input_data TYPE ycl_ygwprodso_mpc_ext=>ts_product.
    DATA ls_data TYPE yprod.
    "전달받은 수정 대상 데이터 추출
    io_data_provider->read_entry_data( IMPORTING es_data = ls_request_input_data ).
    "수정 데이터 구조로 변환
    MOVE-CORRESPONDING ls_request_input_data TO ls_data.
    "데이터 수정
    MODIFY yprod FROM ls_data.
    "수정 성공 데이터 반환
    MOVE-CORRESPONDING ls_data TO er_entity.
  ENDMETHOD.
```

- PRODUCTSET_DELETE_ENTITY

```abap
METHOD productset_delete_entity.
    DATA ls_data TYPE yprod.
    "전달받은 KEY값 확인
    LOOP AT it_key_tab INTO DATA(ls_key).
      CASE ls_key-name.
        WHEN 'Prodid'. ls_data-prodid = ls_key-value.
      ENDCASE.
    ENDLOOP.
    "데이터 삭제
    DELETE yprod FROM ls_data.
  ENDMETHOD.
```

- SALESORDERSET_GET_ENTITYSET

```abap
METHOD salesorderset_get_entityset.
    DATA : lt_entityset TYPE ycl_ygwprodso_mpc=>tt_salesorder,
           ls_entity    TYPE ycl_ygwprodso_mpc=>ts_salesorder,
           lr_sono      TYPE RANGE OF ycl_ygwprodso_mpc=>ts_salesorder-sono,
           lr_memo      TYPE RANGE OF ycl_ygwprodso_mpc=>ts_salesorder-memo,
           lr_erdat     TYPE RANGE OF ycl_ygwprodso_mpc=>ts_salesorder-erdat.

    DATA(lo_filter) = io_tech_request_context->get_filter( ). "filter parameter object
    DATA(lt_filter_select_options) = lo_filter->get_filter_select_options( ). "filter parameter
    DATA(lv_top) = io_tech_request_context->get_top( ) + is_paging-skip. "검색 속도 향상을 위한 최대 조회 수

    LOOP AT lt_filter_select_options INTO DATA(ls_filter). " filter확인
      CASE ls_filter-property.
        WHEN 'SONO'. "filter property의 abap name확인
          lo_filter->convert_select_option( EXPORTING is_select_option = ls_filter
                                            IMPORTING et_select_option = lr_sono ).
        WHEN 'MEMO'.
          lo_filter->convert_select_option( EXPORTING is_select_option = ls_filter
                                            IMPORTING et_select_option = lr_memo ).
        WHEN 'ERDAT'.
          lo_filter->convert_select_option( EXPORTING is_select_option = ls_filter
                                            IMPORTING et_select_option = lr_erdat ).
```

```
        ENDCASE.
    ENDLOOP.
    "호출 종류 확인
    IF io_tech_request_context->has_count( ). " 반환 entity의 전체 건수만 확인
      SELECT COUNT( * ) INTO sy-dbcnt
      FROM ysalesorder
      WHERE sono IN lr_sono
        AND memo IN lr_memo
        AND erdat IN lr_erdat.
      es_response_context-count = sy-dbcnt.
    ELSE." 반환 entity의 paging된 데이터확인
      SELECT *
      INTO CORRESPONDING FIELDS OF TABLE lt_entityset
      UP TO lv_top ROWS "현재 page에 맞는 최대 조회 건수
      FROM ysalesorder
      WHERE sono IN lr_sono
        AND memo IN lr_memo
        AND erdat IN lr_erdat
      ORDER BY sono.

      LOOP AT lt_entityset INTO ls_entity FROM is_paging-skip + 1. "현재 page에 맞는 데이터만 반환(paging)
        APPEND ls_entity TO et_entityset.
        CLEAR ls_entity.
      ENDLOOP.
    ENDIF.
  ENDMETHOD.
```

- SALESORDERSET_GET_ENTITY

```abap
METHOD salesorderset_get_entity.
  DATA ls_data TYPE ysalesorder.
  "전달받은 key property 값
  LOOP AT it_key_tab INTO DATA(ls_key).
    CASE ls_key-name.
      WHEN 'Sono'. ls_data-sono = ls_key-value.
    ENDCASE.
  ENDLOOP.
  "key를 바탕으로 데이터 1건 검색
  SELECT SINGLE *     INTO ls_data     FROM ysalesorder
   WHERE sono = ls_data-sono.


  CHECK sy-subrc EQ 0.
  "데이터 반환
  MOVE-CORRESPONDING ls_data TO er_entity.
ENDMETHOD.
```

제품정보 관리 Fiori App

List Report Project인 Fiori App YSFLIGHT를 복사하여 YPRODUCT를 생성합니다. 여기서는 제품정보 관리 Fiori App의 기본 구조만 생성하고 이후 단계별로 추가 기능을 구현할 예정이므로 아래 소스코드를 참조하여 신규 App을 생성합니다.

▶ SAPUI5 Project 구조

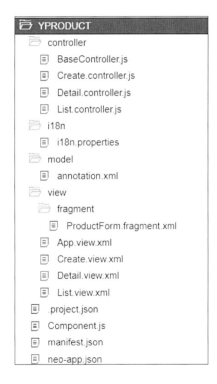

▶ SAPUI5 Project 소스코드

- BaseController.js

```javascript
sap.ui.define([
    "sap/ui/core/mvc/Controller",
    "sap/ui/model/json/JSONModel"
], function(Controller, JSONModel) {
    "use strict";
    return Controller.extend("yproduct.controller.BaseController", {
        navTo: function(sName, oParameters, bReplace) {
            this.getOwnerComponent().getRouter().navTo(sName, oParameters, bReplace);
        },
        getResourceBundle: function() {
            return this.getOwnerComponent().getModel("i18n").getResourceBundle();
        },
        resetModelChanges: function() {
            var oModel = this.getView().getModel();
            if (oModel.hasPendingChanges()) {
                oModel.resetChanges();
            }
        },
        initFlagSetModel: function(bFlag) {
            var oFlagSet = new JSONModel({
                isEdit: bFlag
            });
            this.getView().setModel(oFlagSet, "flagSet");
        }
    });
});
```

- Create.controller.js

```
sap.ui.define([
      "yproduct/controller/BaseController"
], function(Controller) {
      "use strict";

      return Controller.extend("yproduct.controller.Create", {
            onInit: function() {
                  this.initFlagSetModel(true);
                  this.getOwnerComponent().getRouter().getRoute("Create").attachPatternMatched(
                        this._onObjectMatched, this);
            },
            _onObjectMatched: function(oEvent) {
                  this.resetModelChanges();
                  var oModel = this.getView().getModel();
                  oModel.metadataLoaded().then(function() {
                        var oContext = oModel.createEntry("ProductSet", null);
                        this.getView().bindElement({
                              path: oContext.getPath()
                        });
                  }.bind(this));
            },
            handleCancel: function(oEvent) {
                  this.resetModelChanges();
                  this.navTo("List", null, false);
            },
            handleSave: function() {
                  var oResourceBundle = this.getResourceBundle(),
                        oView = this.getView(),
                        oModel = oView.getModel(),
                        oSmartForm = oView.byId("idForm");
                  if (oSmartForm.check().length > 0) {
                        sap.m.MessageBox.error(oResourceBundle.getText("msgCheckMandatory"));
                        return;
                  }
                  oModel.submitChanges({
                        success: function(oData, oResp) {
                              sap.m.MessageToast.show(oResourceBundle.getText("msgSaveSuccessfully"));
                              this.navTo("List", null, false);
```

```
                }.bind(this),
                error: function(oError) {
                    if (oError.statusCode === 500) {
                        sap.m.MessageToast.show(oResourceBundle.
getText("msgUpdateError"));
                    } else {
                        sap.m.MessageToast.show(JSON.parse(oError.responseText).
error.message.value);
                    }
                }
            });
        }
    });
});
```

- Detail.controller.js

```
sap.ui.define([
    "yproduct/controller/BaseController",
    "sap/ui/model/json/JSONModel"
], function(Controller, JSONModel) {
    "use strict";
    return Controller.extend("yproduct.controller.Detail", {
        onInit: function() {
            this.initFlagSetModel(false);
            this.getOwnerComponent().getRouter().getRoute("Detail").attachPatternMatched(
                this._onObjectMatched, this);
        },
        _onObjectMatched: function(oEvent) {
            this._sKey = "/" + oEvent.getParameter("arguments").key;
            this.getView().bindElement({
                path: this._sKey
            });
        },
        handleEdit: function() {
        this.resetModelChanges();
            var oFlagSet = this.getView().getModel("flagSet");
            oFlagSet.setProperty("/isEdit", !oFlagSet.getProperty("/isEdit"));
        },
```

```
handleSave: function() {
    var oResourceBundle =
            this.getOwnerComponent().getModel("i18n").getResourceBundle(),
        oView = this.getView(),
        oModel = oView.getModel(),
        oSmartForm = oView.byId("idForm");
    if (oSmartForm.check().length > 0) {
        sap.m.MessageBox.error(oResourceBundle.getText("msgCheckMandatory"));
        return;
    }
    oModel.submitChanges({
        success: function(oData, oResp) {
            sap.m.MessageToast.show(oResourceBundle.getText("msgSaveSuccessfully"));
            this.navTo("List", null, false);
        }.bind(this),
        error: function(oError) {
            if (oError.statusCode === 500) {
                sap.m.MessageToast.show(oResourceBundle.getText("msgUpdateError"));
            } else {
                sap.m.MessageToast.show(JSON.parse(oError.responseText).error.message.value);
            }
        }
    });
},
handleDelete: function() {
    var oResourceBundle = this.getResourceBundle();
    var oDialog = new sap.m.Dialog({
        title: oResourceBundle.getText("msgDeleteConfirmTitle"),
        type: "Message",
        content: new sap.m.Text({
            text: oResourceBundle.getText("msgDeleteConfirmMsg")
        }),
        beginButton: new sap.m.Button({
            type: sap.m.ButtonType.Emphasized,
            text: oResourceBundle.getText("btnDelete"),
            press: function() {
                this._deleteData();
                oDialog.close();
            }.bind(this)
        }),
        endButton: new sap.m.Button({
            text: oResourceBundle.getText("btnCancel"),
```

```
                    press: function() {
                            oDialog.close();
                    }
                }),
                afterClose: function() {
                        oDialog.destroy();
                }
            });
            oDialog.open();
        },
        _deleteData: function() {
            var oModel = this.getView().getModel(),
                sPath = this.getView().getBindingContext().getPath();
            oModel.remove(sPath);
            this.navTo("List", null, false);
        }
    });
});
```

- List.controller.js

```
sap.ui.define([
    "yproduct/controller/BaseController"
], function(Controller) {
    "use strict";
    return Controller.extend("yproduct.controller.List", {
        handleNew: function() {
            this.navTo("Create", null, false);
        },
        handleItemPress: function(oEvent) {
            var oItem = oEvent.getSource();
            this.getOwnerComponent().getRouter().navTo("Detail", {
                key: oItem.getSelectedItem().getBindingContext().getPath().substr(1)
            }, false);
        }
    });
});
```

- i18n.properties

```
appTitle=Product management
appDescription=Fiori Demo

msgCheckMandatory=입력값을 확인하세요
msgSaveSuccessfully=저장 성공
msgUpdateError=저장 오류
btnNew=신규
btnSave=저장
btnCancel=취소
btnEdit=수정
btnDelete=삭제

#List
listHeaderTitle=검색결과

#Create
newTitle=New product info input
newSubTitle=Data create test
productInfoInputTitle=Product info

#Detail
msgDeleteConfirmTitle=삭제 확인
msgDeleteConfirmMsg=삭제 하시겠습니까?
```

- annotaion.xml

```
<edmx:Edmx xmlns:edmx="http://docs.oasis-open.org/odata/ns/edmx" Version="4.0">
    <edmx:Reference Uri="http://docs.oasis-open.org/odata/odata-data-aggregation-ext/
v4.0/cs02/vocabularies/Org.OData.Aggregation.V1.xml">
        <edmx:Include Alias="Aggregation" Namespace="Org.OData.Aggregation.V1"/>
    </edmx:Reference>
    <edmx:Reference Uri="http://docs.oasis-open.org/odata/odata/v4.0/errata03/os/complete/
vocabularies/Org.OData.Capabilities.V1.xml">
```

```xml
        <edmx:Include Alias="Capabilities" Namespace="Org.OData.Capabilities.V1"/>
    </edmx:Reference>
    <edmx:Reference Uri="https://wiki.scn.sap.com/wiki/download/attachments/448470974/
Common.xml?api=v2">
        <edmx:Include Alias="Common" Namespace="com.sap.vocabularies.Common.v1"/>
    </edmx:Reference>
    <edmx:Reference Uri="https://wiki.scn.sap.com/wiki/download/attachments/448470971/
Communication.xml?api=v2">
        <edmx:Include Alias="vCard" Namespace="com.sap.vocabularies.Communication.v1"/>
    </edmx:Reference>
    <edmx:Reference Uri="http://docs.oasis-open.org/odata/odata/v4.0/errata03/os/complete/
vocabularies/Org.OData.Core.V1.xml">
        <edmx:Include Alias="Core" Namespace="Org.OData.Core.V1"/>
    </edmx:Reference>
    <edmx:Reference Uri="http://docs.oasis-open.org/odata/odata/v4.0/errata03/os/complete/
vocabularies/Org.OData.Measures.V1.xml">
        <edmx:Include Alias="CQP" Namespace="Org.OData.Measures.V1"/>
    </edmx:Reference>
    <edmx:Reference Uri="https://wiki.scn.sap.com/wiki/download/attachments/448470968/
UI.xml?api=v2">
        <edmx:Include Alias="UI" Namespace="com.sap.vocabularies.UI.v1"/>
    </edmx:Reference>
    <edmx:DataServices>
        <Schema xmlns="http://docs.oasis-open.org/odata/ns/edm">
            <Annotations Target="YGWPRODSO_SRV.Product">
                <Annotation Term="UI.SelectionFields">
                    <Collection>
                        <PropertyPath>Prodid</PropertyPath>
                        <PropertyPath>Title</PropertyPath>
                    </Collection>
                </Annotation>
                <Annotation Term="UI.LineItem">
                    <Collection>
                        <Record Type="UI.DataField">
                            <PropertyValue Property="Value" Path="Prodid"/>
                        </Record>
                        <Record Type="UI.DataField">
                            <PropertyValue Property="Value" Path="Title"/>
                        </Record>
                    </Collection>
                </Annotation>
            </Annotations>
        </Schema>
    </edmx:DataServices>
</edmx:Edmx>
```

- ProductForm.fragment.xml

```xml
<core:FragmentDefinition xmlns:core="sap.ui.core" xmlns="sap.m" xmlns:smartForm="sap.
ui.comp.smartform"
    xmlns:smartField="sap.ui.comp.smartfield" xmlns:ui="sap.ui.table">
    <smartForm:SmartForm id="idForm" editable="{flagSet>/isEdit}">
        <smartForm:Group >
            <smartForm:GroupElement>
                <smartField:SmartField value="{Prodid}"/>
            </smartForm:GroupElement>
            <smartForm:GroupElement>
                <smartField:SmartField value="{Title}"/>
            </smartForm:GroupElement>
            <smartForm:GroupElement>
                <smartField:SmartField value="{Content}"/>
            </smartForm:GroupElement>
        </smartForm:Group>
    </smartForm:SmartForm>
</core:FragmentDefinition>
```

- App.view.xml

```xml
<mvc:View xmlns:mvc="sap.ui.core.mvc" xmlns="sap.m" displayBlock="true">
    <App id="APP_ID"></App>
</mvc:View>
```

- Create.view.xml

```xml
<mvc:View xmlns:core="sap.ui.core" xmlns:mvc="sap.ui.core.mvc" xmlns="sap.m" xmlns:uxap="sap.uxap"
xmlns:smartForm="sap.ui.comp.smartform" xmlns:smartField="sap.ui.comp.smartfield" controllerName="yproduct.
controller.Create" xmlns:html="http://www.w3.org/1999/xhtml">
    <uxap:ObjectPageLayout showFooter="true" enableLazyLoading="true"
        showTitleInHeaderContent="true">
        <uxap:headerTitle>
            <uxap:ObjectPageHeader objectTitle="{i18n>newTitle}" objectSubtitle="{i18n>newSubTitle}"
                isObjectIconAlwaysVisible="false"    isObjectTitleAlwaysVisible="false"
                isObjectSubtitleAlwaysVisible="false" />
        </uxap:headerTitle>
        <uxap:sections>
            <uxap:ObjectPageSection titleUppercase="false" title="{i18n>productInfoInputTitle}">
                <uxap:subSections>
                    <uxap:ObjectPageSubSection title="">
                        <core:Fragment fragmentName="yproduct.view.fragment.ProductForm"
                            type="XML"/>
                    </uxap:ObjectPageSubSection>
                </uxap:subSections>
            </uxap:ObjectPageSection>
        </uxap:sections>
        <uxap:footer>
            <Bar>
                <contentRight>
                    <Button text="{i18n>btnSave}" press="handleSave" type="Emphasized"/>
                    <Button text="{i18n>btnCancel}" press="handleCancel" type="Transparent"/>
                </contentRight>
            </Bar>
        </uxap:footer>
    </uxap:ObjectPageLayout>
</mvc:View>
```

- Detail.view.xml

```xml
<mvc:View xmlns:core="sap.ui.core" xmlns:mvc="sap.ui.core.mvc" xmlns="sap.m" xmlns:uxap="sap.
uxap" xmlns:smartForm="sap.ui.comp.smartform" xmlns:smartField="sap.ui.comp.smartfield"
controllerName="yproduct.controller.Detail" xmlns:html="http://www.w3.org/1999/xhtml">
    <uxap:ObjectPageLayout showFooter="true" enableLazyLoading="true"
        showTitleInHeaderContent="true">
        <uxap:headerTitle>
            <uxap:ObjectPageHeader objectTitle="{Prodid}" isObjectIconAlwaysVisible="false"
                isObjectTitleAlwaysVisible="false" isObjectSubtitleAlwaysVisible="false"/>
        </uxap:headerTitle>
        <uxap:sections>
            <uxap:ObjectPageSection titleUppercase="false" title="{i18n>productInfoInputTitle}">
                <uxap:subSections>
                    <uxap:ObjectPageSubSection title="">
                    <core:Fragment fragmentName="yproduct.view.fragment.ProductForm"
                        type="XML"/>
                    </uxap:ObjectPageSubSection>
                </uxap:subSections>
            </uxap:ObjectPageSection>
        </uxap:sections>
        <uxap:footer>
            <Bar>
                <contentRight>
                    <Button text="{i18n>btnSave}" press="handleSave" type="Emphasized"
                        visible="{flagSet>/isEdit}"/>
                    <Button text="{i18n>btnEdit}" press="handleEdit" type="Transparent"
                        visible="{= !${flagSet>/isEdit}}"/>
                    <Button text="{i18n>btnCancel}" press="handleEdit" type="Transparent"
                        visible="{flagSet>/isEdit}"/>
                    <Button text="{i18n>btnDelete}" press="handleDelete" type="Emphasized"
                        visible="{= !${flagSet>/isEdit}}"/>
                </contentRight>
            </Bar>
        </uxap:footer>
    </uxap:ObjectPageLayout>
</mvc:View>
```

- List.view.xml

```
<mvc:View xmlns:core="sap.ui.core" xmlns:mvc="sap.ui.core.mvc" xmlns="sap.m" xmlns:sv="sap.ui.comp.
smartvariants"    xmlns:smartFilterBar="sap.ui.comp.smartfilterbar" xmlns:smartTable="sap.ui.comp.
smarttable" xmlns:f="sap.f" controllerName="yproduct.controller.List" xmlns:html="http://www.w3.org/1999/
xhtml">
    <f:DynamicPage showFooter="false">
        <f:title>
            <f:DynamicPageTitle>
                <f:heading>
                    <sv:SmartVariantManagement id="idSmartVariant" showShare="true"
                        persistencyKey="SmartFilter_Variant" showExecuteOnSelection="true"/>
                </f:heading>
            </f:DynamicPageTitle>
        </f:title>
        <f:header>
            <f:DynamicPageHeader>
                <f:content>
                    <smartFilterBar:SmartFilterBar id="idSmartFilterBar" useToolbar="false"
                        smartVariant="idSmartVariant" entitySet="ProductSet"
                        persistencyKey="SmartFilter_Explored"/>
                </f:content>
            </f:DynamicPageHeader>
        </f:header>
        <f:content>
            <smartTable:SmartTable id="idSmartTable" entitySet="ProductSet"
                smartFilterId="idSmartFilterBar" useExportToExcel="true"
                useVariantManagement="true" useTablePersonalisation="true"
                smartVariant="idSmartVariant" header="{i18n>listHeaderTitle}"
                tableType="ResponsiveTable" showRowCount="true" enableAutoBinding="true"
                class="sapUiResponsiveContentPadding" demandPopin="true">
                <smartTable:customToolbar>
                    <Toolbar>
                        <ToolbarSpacer/>
                        <Button icon="sap-icon://add" text="{i18n>btnNew}" press="handleNew"
                            type="Transparent"/>
                    </Toolbar>
                </smartTable:customToolbar>
                <smartTable:items>
                    <Table growing="true" growingScrollToLoad="true" fixedLayout="false"
                        itemPress="handleItemPress" mode="SingleSelectMaster">
```

```
                    <ColumnListItem type="Navigation"/>
                </Table>
            </smartTable:items>
        </smartTable:SmartTable>
    </f:content>
</f:DynamicPage>
</mvc:View>
```

- Component.js

```
sap.ui.define([
    "sap/ui/core/UIComponent"
], function(UIComponent) {
    "use strict";
    return UIComponent.extend("yproduct.Component", {
        metadata: {
            manifest: "json"
        },
        init: function() {
            // call the base component's init function
            UIComponent.prototype.init.apply(this, arguments);

            // enable routing
            this.getRouter().initialize();
        }
    });
});
```

- manifest.json

```
{
    "_version": "1.7.0",
    "sap.app": {
        "id": "yproduct",
        "type": "application",
        "i18n": "i18n/i18n.properties",
        "applicationVersion": {
            "version": "1.0.0"
        },
        "title": "{{appTitle}}",
        "description": "{{appDescription}}",
        "dataSources": {
            "MAIN_SRV": {
                "uri": "/sap/opu/odata/sap/YGWPRODSO_SRV/",
                "type": "OData",
                "settings": {
                    "odataVersion": "2.0",
                    "localUri": "localService/metadata.xml",
                    "annotations": [
                        "annotation1"
                    ]
                }
            },
            "annotation1": {
                "uri": "model/annotation.xml",
                "type": "ODataAnnotation",
                "settings": {
                    "localUri": "model/annotation.xml"
                }
            }
        }
    },
    "sap.ui": {
        "technology": "UI5",
        "fullWidth": true,
        "deviceTypes": { "desktop": true, "tablet": true, "phone": true },
        "supportedThemes": [ "sap_hcb", "sap_belize" ]
    },
    "sap.ui5": {
```

```
"rootView": {
    "viewName": "yproduct.view.App",
    "type": "XML"
},
"dependencies": {
    "minUI5Version": "1.30.0",
    "libs": { "sap.m": {}, "sap.ui.core": {} }
},
"contentDensities": { "compact": true, "cozy": true },
"models": {
    "": {
        "type": "sap.ui.model.odata.v2.ODataModel",
        "settings": {
            "defaultCountMode": "Request",
            "defaultOperationMode": "Server",
            "defaultBindingMode": "TwoWay",
            "refreshAfterChange": "true"
        },
        "dataSource": "MAIN_SRV",
        "preload": false
    },
    "i18n": {
        "type": "sap.ui.model.resource.ResourceModel",
        "settings": {
            "bundleName": "yproduct.i18n.i18n"
        }
    },
    "@i18n": {
        "type": "sap.ui.model.resource.ResourceModel",
        "uri": "i18n/i18n.properties"
    }
},
"routing": {
    "config": {
        "routerClass": "sap.m.routing.Router",
        "viewType": "XML",
        "controlAggregation": "pages",
        "viewPath": "yproduct.view",
        "controlId": "APP_ID"
    },
    "routes": [
```

```
            {
                "name": "List", "pattern": "", "target": "List"
            },
            {
                "name": "Create", "pattern": "Create", "target": "Create"
            },
            {
                "pattern": "Detail/{key}", "name": "Detail", "target": "Detail"
            }
        ],
        "targets": {
            "List": { "viewId": "List", "viewName": "List" },
            "Create": { "viewId": "Create", "viewName": "Create" },
            "Detail": { "viewType": "XML", "viewName": "Detail" }
        }
    }
},
"sap.platform.abap": {
    "uri": "/sap/bc/ui5_ui5/sap/yproduct",
    "_version": "1.1.0"
}
}
```

List 실행화면

Create 실행화면

Rich Text Editor

제품정보를 CRUDQ할 수 있는 간단한 Fiori App을 구현했습니다. 여기에 Detail info
인 Content Property는 Table YPROD에서 String Type으로 정의되어 있습니다. 제품
상세 정보에 이미지, 표 등을 자유롭게 입력할 수 있도록 Rich Text Editor를 적용해보겠
습니다.

SAPUI5에는 Rich Text Editor가 내장되어 있는데 이는 오픈소스 TinyMCE(https://
www.tiny.cloud/)를 Implementation하여 개발되었습니다. 이처럼 SAPUI5 Control들
중 SAP에서 직접 개발하지 않고 3rd Party Control을 가져온 경우가 있습니다. 대표적으
로 TinyMCE와 vizFrame 등이 있습니다. 이런 Control들은 SAPUI5 버전에 따라 OData
Model을 직접 Binding하면 비정상적으로 동작하는 경우가 있습니다. 이런 오류가 발생
하면 JSON Model을 Binding하여 해결할 수 있습니다.

▶ Create

Rich Text Editor를 적용하기 위해 Create.view.xml에 새로운 ObjectPageSection을
생성하고, Editor를 위치시킬 Container로 VBox Control을 생성합니다.

```xml
…
<uxap:sections>
    <uxap:ObjectPageSection titleUppercase="false" title="{i18n>productInfoInputTitle}">
        <uxap:subSections>
…
        </uxap:subSections>
    </uxap:ObjectPageSection>
    <uxap:ObjectPageSection titleUppercase="false" title="{i18n>productDetailTitle}">
        <uxap:subSections>
            <uxap:ObjectPageSubSection title="">
                <VBox id="idEditorContainer" />
            </uxap:ObjectPageSubSection>
        </uxap:subSections>
    </uxap:ObjectPageSection>
</uxap:sections>
…
```

ProductForm.fragment.xml에 SmartField로 되어 있던 Content Property를 삭제합니다.

```
<smartForm:GroupElement>
        <smartField:SmartField value="{Prodid}"/>
    </smartForm:GroupElement>
    <smartForm:GroupElement>
        <smartField:SmartField value="{Title}"/>
    </smartForm:GroupElement>
    <!-- <smartForm:GroupElement>-->
        <!-- <smartField:SmartField value="{Content}"/>-->
    <!-- </smartForm:GroupElement>-->
</smartForm:Group>
```

Create.controller.js의 onInit 함수에서 Rich Text Editor를 생성하는 로직을 추가합니다. 앞서 설명했던 것처럼 Rich Text Editor를 View에서 직접 정의하고 OData Model을 Binding하여 사용하면 이전에 Binding했던 값이 계속해서 출력되는 등 비정상적으로 동작합니다. 이러한 오류를 방지하기 위해 Controller에서 Rich Text Editor를 sap.ui.require로 호출하여 특정 위치에 추가하는 방식으로 구현하겠습니다.

```
…
onInit: function() {
    this.initFlagSetModel(true);
    this.getOwnerComponent().getRouter().getRoute("Create").attachPatternMatched(this._onObjectMatched, this);
    var that = this;
    sap.ui.require(["sap/ui/richtexteditor/RichTextEditor", "sap/ui/richtexteditor/EditorType"],
        function(RTE, EditorType) {
            that.oRichTextEditor = new RTE("createRTE", {
                editorType: EditorType.TinyMCE4,
                width: "100%",
                height: "600px",
                customToolbar: true,
                showGroupFont: true,
```

```
                    showGroupLink: true,
                    showGroupInsert: true,
                    value: "{Content}", //OData Model의 property를 binding
                    ready: function() {
                        this.addButtonGroup("styleselect").addButtonGroup("table");
                    }
                });
            that.getView().byId("idEditorContainer").addItem(that.oRichTextEditor);
        });
},
...
```

☑ Create.view.xml에서 Rich Text Editor를 위치시킬 VBox Control을 생성하고 ID를 idEditorContainer로 지정했습니다.

☑ sap.ui.require를 통해 async로 Rich Text Editor를 사용했습니다.

이제 i18n.properties에 Text Element를 추가하고 실행해보겠습니다.

```
...
productInfoInputTitle=Product info
productDetailTitle=Product detail
...
```

실행화면

▶ Detail

Detail.view.xml에서도 Create.view.xml과 동일하게 ObjectPageSection을 생성하고, Editor를 위치시킬 Container로 Vbox Control을 생성합니다.

```
…
<uxap:ObjectPageSection titleUppercase="false" title="{i18n>productDetailTitle}">
    <uxap:subSections>
        <uxap:ObjectPageSubSection title="">
            <VBox id="idEditorContainer"/>
        </uxap:ObjectPageSubSection>
    </uxap:subSections>
</uxap:ObjectPageSection>
…
```

Create.controller.js와 마찬가지로 Detail.controller.js의 onInit 함수에서 Rich Text Editor를 생성하여 VBox Control에 추가(addItem) 합니다.

```
…
onInit: function() {
    this.initFlagSetModel(false);
    this.getOwnerComponent().getRouter().getRoute("Detail").attachPatternMatched(this._onObjectMatched, this);
    var that = this;
    sap.ui.require(["sap/ui/richtexteditor/RichTextEditor", "sap/ui/richtexteditor/EditorType"],
        function(RTE, EditorType) {
            that.oRichTextEditor = new RTE("detailRTE", {
                editorType: EditorType.TinyMCE4,
                editable: "{flagSet>/isEdit}",
                width: "100%",
                height: "600px",
                customToolbar: true,
                showGroupFont: true,
                showGroupLink: true,
                showGroupInsert: true,
                value: "{Content}", //OData Model의 property를 binding
                ready: function() {
```

```
                        this.addButtonGroup("styleselect").addButtonGroup("table");
            }
        });
        that.getView().byId("idEditorContainer").addItem(that.oRichTextEditor);
    });
},
…
```

실행화면

File Attachment

첨부파일 관리 기능을 추가해보겠습니다. 여기선 제품정보에 인증서나 리플렛 등을 첨부한다는 가정으로 제품정보 마스터에 파일 첨부 기능을 추가합니다. 첨부파일은 제품 1개당 여러 개를 입력할 수 있도록 구현합니다.

▶ OData Modeling

- **첨부파일** Table

첨부파일을 저장할 Table YATTACH를 생성합니다. 하나의 PRODID에 여러 파일이 등록될 수 있으므로 Key는 GUID를 지정합니다. 파일 관리에 필수적인 Field인 FILENAME, FILESIZE, MIMETYPE을 추가하고 실제 파일의 Binary Data를 저장할 Field인 DATA Field도 추가합니다.

Binary Data인 DATA Field는 RAWSTRING Type을 사용합니다. RAWSTRING Type으로 선언된 Field의 데이터는 Database Table이 아닌 별도의 저장소에 저장되기 때문에 Database의 용량에 영향을 주지 않습니다.

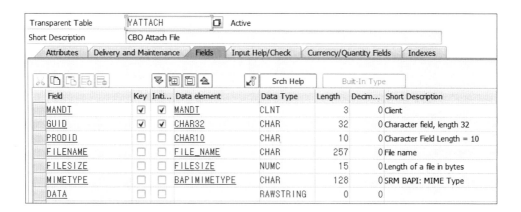

- SAP Gateway Project

Project YGWPRODSO에 신규 Entity Attach를 생성합니다. 파일 송수신을 위한 Entity임을 지정하기 위해 Entity의 속성 중 Media Property를 체크합니다.

Attach Entity의 Property는 YATTACH Table과 동일하게 생성합니다. Table에는 존재하지 않는 추가적인 Property DownUrl이 있기 때문에 Table을 그대로 Import하여 생성할 수는 없습니다. 아래 이미지를 참고하여 구성합니다.

- Model Provider Class

DEFINE Method에서 Attach Entity의 MimeType Property를 Content Type으로 지정합니다. MimeType Property를 통해 파일의 유형을 전송한다는 뜻입니다.

```
METHOD define.
  super->define( ).
  DATA(lo_entity) = model->get_entity_type( iv_entity_name = 'Attach' ).
  IF lo_entity IS BOUND.
    DATA(lo_property) = lo_entity->get_property( iv_property_name = 'MimeType' ).
    lo_property->set_as_content_type( ).
  ENDIF.
ENDMETHOD.
```

- Data Provider Class

Data Provider Class에는 Entity Set별로 CRUDQ를 위한 Method가 있지만 모든 Entity들이 공통적으로 사용하는 Method도 있습니다. 대표적인 Method가 첨부파일을 위한 CREATE_STEAM, GET_STREAM Method입니다. Media 속성값이 true로 설정된 Entity에 대해 Binary Data가 요청되면 SAP OData Service는 해당 Entity의 CREATE_ENTITY Method 대신 CREATE_STREAM Method를 호출합니다(CREATE_ENTITY Method는 호출되지 않습니다).

Data Provider Class의 /IWBEP/IF_MGW_APPL_SRV_RUNTIME~CREATE_STREAM Method를 Redefine하여 첨부파일 저장 로직을 구현합니다.

```abap
METHOD /iwbep/if_mgw_appl_srv_runtime~create_stream.
  DATA : ls_hdr_param  TYPE ihttpnvp,
         lt_hdr_params TYPE tihttpnvp,
         lo_facade     TYPE REF TO /iwbep/if_mgw_dp_int_facade.

  DATA :BEGIN OF ls_filemetadata,
          filename TYPE string,
          mimetype TYPE string,
        END OF ls_filemetadata.

  lo_facade ?= /iwbep/if_mgw_conv_srv_runtime~get_dp_facade( ).
  lt_hdr_params = lo_facade->get_request_header( ).

  CASE iv_entity_name.
    WHEN 'Attach'.
      DATA ls_data      TYPE yattach.
      LOOP AT lt_hdr_params INTO ls_hdr_param.
        CASE ls_hdr_param-name.
          WHEN 'slug'.
            ls_data-filename = cl_http_utility=>unescape_url( ls_hdr_param-value ).
            REPLACE ALL OCCURRENCES OF '"' IN ls_data-filename WITH ``.
          WHEN 'content-type'. ls_data-mimetype = ls_hdr_param-value.
          WHEN 'prodid'. ls_data-prodid = ls_hdr_param-value.
          WHEN 'content-length'. ls_data-filesize = ls_hdr_param-value.
        ENDCASE.
      ENDLOOP.

      ls_data-guid = cl_system_uuid=>create_uuid_c32_static( ).
      ls_data-data = is_media_resource-value.
```

```
      INSERT INTO yattach VALUES ls_data.

      ls_filemetadata-filename = ls_data-filename .
      ls_filemetadata-mimetype = ls_data-mimetype.

      copy_data_to_ref(
        EXPORTING
          is_data = ls_filemetadata
        CHANGING
          cr_data = er_entity ).
  ENDCASE.
ENDMETHOD.
```

☑ HTTP Request Header에 담겨 넘어온 slug(File Name)과 prodid로 첨부파일(is_media_
   resource-value)을 Table에 직접 저장합니다.
☑ 파일 저장이 완료되면 저장된 파일명과 mimetype을 er_entity에 담아 반환합니다.

파일이 저장되면 제품별 첨부파일 리스트를 출력할 ATTACHSET_GET_ENTITYSET Method
도 Redefine할 필요가 있습니다.

```
METHOD attachset_get_entityset.
   DATA : lt_entityset TYPE ycl_ygwprodso_mpc=>tt_attach,
          ls_entity    TYPE ycl_ygwprodso_mpc=>ts_attach,
          lr_prodid    TYPE RANGE OF ycl_ygwprodso_mpc=>ts_attach-prodid.

   DATA(lo_filter) = io_tech_request_context->get_filter( ). "filter parameter object
   DATA(lt_filter_select_options) = lo_filter->get_filter_select_options( ). "filter parameter
   DATA(lv_top) = io_tech_request_context->get_top( ) + is_paging-skip. "검색 속도 향상을 위한 최대 조회 수

   LOOP AT lt_filter_select_options INTO DATA(ls_filter). " filter확인
     CASE ls_filter-property.
       WHEN 'PRODID'. "filter property의 abap name확인
         lo_filter->convert_select_option( EXPORTING is_select_option = ls_filter
                                           IMPORTING et_select_option = lr_prodid ).
```

```
  ENDCASE.
 ENDLOOP.

 CHECK lr_prodid IS NOT INITIAL.

 "호출 종류 확인
 IF io_tech_request_context->has_count( ). " 반환 entity의 전체 건수만 확인
   SELECT COUNT( * ) INTO sy-dbcnt
   FROM yattach
   WHERE prodid IN lr_prodid.
   es_response_context-count = sy-dbcnt.
 ELSE." 반환 entity의 paging된 데이터확인
   SELECT guid prodid filename filesize mimetype
   INTO CORRESPONDING FIELDS OF TABLE lt_entityset
   UP TO lv_top ROWS "현재 page에 맞는 최대 조회 건수
   FROM yattach
   WHERE prodid IN lr_prodid
   ORDER BY filename.

   LOOP AT lt_entityset INTO ls_entity FROM is_paging-skip + 1. "현재 page에 맞는 데이터만 반환(paging)
       ls_entity-downurl = `/sap/opu/odata/sap/YGWPRODSO_SRV/AttachSet('`
                               && ls_entity-guid && `')/$value`.
     APPEND ls_entity TO et_entityset.
     CLEAR ls_entity.
   ENDLOOP.
 ENDIF.
ENDMETHOD.
```

DownUrl Property에 실제 파일을 Download할 URL을 생성하여 입력하였습니다. 사용자는 DownUrl Property값으로 HTTP GET Request를 요청하여 OData Service로부터 Binary Data를 전달받게 됩니다. SAP OData Service는 Entry Path뒤에 $value Key Word가 있으면 Binary Data 전송 요청임을 인지하고 GET_ENTITY Method가 아닌 GET_STREAM Method 를 호출합니다.

/IWBEP/IF_MGW_APPL_SRV_RUNTIME~GET_STREAM Method에서는 첨부된 파일을 반환하는 로직을 구현합니다.

```abap
METHOD /iwbep/if_mgw_appl_srv_runtime~get_stream.
  DATA : ls_header   TYPE ihttpnvp,
         ls_stream   TYPE ty_s_media_resource,
         lv_filename TYPE string,
         ls_key      TYPE /iwbep/s_mgw_name_value_pair.

  CASE iv_entity_name.
    WHEN 'Attach'.
      DATA : lv_guid    TYPE yattach-guid.

      LOOP AT it_key_tab INTO ls_key.
        CASE ls_key-name.
          WHEN 'Guid'.
            TRANSLATE ls_key-value TO UPPER CASE.
            lv_guid = ls_key-value.
        ENDCASE.
      ENDLOOP.

      SELECT SINGLE * INTO @DATA(ls_data) FROM yattach WHERE guid = @lv_guid.
      CHECK sy-subrc EQ 0.

      lv_filename = ls_data-filename.
      lv_filename = cl_http_utility=>escape_url( lv_filename ).

      ls_header-name = 'Content-Disposition'.
      ls_header-value = 'Attachment; filename="' && lv_filename && '";'.
      set_header( is_header = ls_header ) .

      ls_stream-mime_type = ls_data-mimetype.
      ls_stream-value = ls_data-data.

      copy_data_to_ref( EXPORTING is_data = ls_stream CHANGING cr_data = er_stream ).
  ENDCASE.
ENDMETHOD.
```

▶ 제품정보 관리 Fiori App 수정

Create.view.xml에 Name Space sap.m.upload를 추가하고 새로운 ObjectPageSection에 UploadSet Control을 추가합니다.

```xml
<mvc:View xmlns:core="sap.ui.core" xmlns:mvc="sap.ui.core.mvc"
…
xmlns:upload="sap.m.upload">
…
    <uxap:ObjectPageSection titleUppercase="false" title="{i18n>productAttachTitle}">
        <uxap:subSections>
            <uxap:ObjectPageSubSection title="">
                <upload:UploadSet id="idUploadSet" instantUpload="false" showIcons="true"
                    uploadEnabled="true" terminationEnabled="true"
                    beforeUploadStarts="handleBeforeUploadStarts"
                    uploadUrl="/sap/opu/odata/sap/YGWPRODSO_SRV/AttachSet"
                    items="{path: '/AttachSet', templateShareable: false}">
                    <upload:items>
                        <upload:UploadSetItem fileName="{FileName}"
                            mediaType="{MimeType}" visibleEdit="false" />
                    </upload:items>
                </upload:UploadSet>
            </uxap:ObjectPageSubSection>
        </uxap:subSections>
    </uxap:ObjectPageSection>
…
```

- instantUpload

파일이 Control에 첨부됨과 동시에 OData Service를 호출할지 여부를 지정합니다. Create에서는 다른 Property들의 값도 모두 입력한 후에 파일 첨부도 이루어져야 하기 때문에 false로 지정합니다.

- uploadEnabled

UploadSet Control은 첨부된 파일을 Listing만 하기 위한 용도로도 사용될 수 있습니다. uploadEnabled 속성을 true로 해야 파일 첨부 기능이 활성화됩니다.

- terminationEnabled

파일이 전송되는 중간에 취소 가능하게 할지 여부입니다.

- beforUploadStart

UploadSet Control에 첨부된 파일이 OData Service로 전송되기 직전에 호출됩니다. 여기서 HTTP Request Header에 전송할 정보를 추가합니다.

Create.controller.js에 첨부파일 관련 로직을 추가합니다. 기존에 있던 handleSave Event Handler를 수정해 데이터가 정상 저장되면 UploadSet의 upload 함수를 호출하게 합니다. 이때 저장된 Product의 ID를 받아와 전역변수 _sProdid에 저장합니다.

```
handleSave: function() {
…
    oModel.submitChanges({
        success: function(oData, oResp) {
            this._sProdid = oEntity.Prodid;
            //파일 업로드
            var oUploadSet = oView.byId("idUploadSet");
            oUploadSet.upload();
            sap.m.MessageToast.show(oResourceBundle.getText("msgSaveSuccessfully"));
            this.navTo("List", null, false);
        }.bind(this),
…
```

UploadSet Contorl은 upload 함수가 호출되면 사용자가 지정한 첨부파일을 OData Service에 전송합니다. 첨부된 파일이 OData Service로 전송되기 적전에 beforeUploadStart란 Event가 발생하게 되는데 이 Event의 Handler에서 HTTP Request Header에 파일명 등 첨부파일에 대한 정보를 입력해야 합니다.

```
…
handleBeforeUploadStarts: function(oEvent) {
    var sToken = this._getFileToken(this.getView().getModel().sServiceUrl);
    var oUploadSet = oEvent.getSource(),
        oItem = oEvent.getParameter("item");
    oUploadSet.destroyHeaderFields();
    oUploadSet.insertHeaderField(
        new sap.ui.core.Item({
            key: "x-csrf-token",
            text: sToken
        })
    );
    oUploadSet.insertHeaderField(
        new sap.ui.core.Item({
            key: "slug",
            text: encodeURIComponent(oItem.getFileName())
        })
    );
    oUploadSet.insertHeaderField(
        new sap.ui.core.Item({
            key: "prodid",
            text: this._sProdid
        })
    );
},
_getFileToken: function(sServiceUrl) {
    var sToken = "";
    jQuery.ajax({
        url: sServiceUrl,
        type: "GET",
        async: false,
        beforeSend: function(xhr) {
            xhr.setRequestHeader("X-CSRF-Token", "Fetch");
        },
        success: function(data, textStatus, XMLHttpRequest) {
            sToken = XMLHttpRequest.getResponseHeader("X-CSRF-Token");
        },
        error: function() {}
    });
    this._sUploadToken = sToken;
    return this._sUploadToken;
},
…
```

- x-csrf-token

파일 전송을 위한 HTTP Request는 다른 Request와 구분되어 호출됩니다. 그러다 보니 권한 체크를 위해 반드시 x-csrf-token을 따로 추가해주어야 합니다.

- slug

원래 신문이나 잡지 등에서 중요한 의미를 포함하는 단어만을 이용해 제목을 작성한 것을 말하는데 여기선 File Name을 위한 Key Word로 사용되었습니다.

- prodid

첨부파일이 포함될 제품 구분을 위한 prodid입니다. 전역변수를 통해 handleSave 함수 호출 시 값을 할당받았습니다.

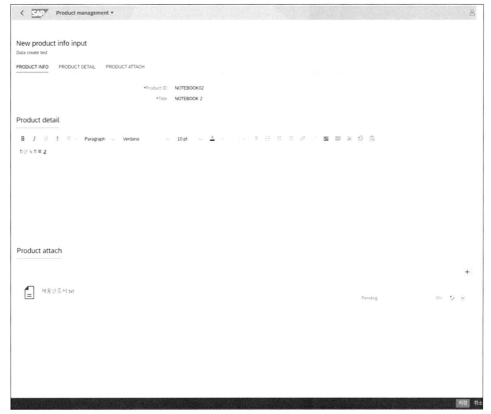

실행화면: 저장 버튼을 클릭하면 제품정보와 첨부파일이 함께 저장됩니다.

Detail.view.xml에도 UploadSet Control을 추가합니다.

```xml
<mvc:View xmlns:core="sap.ui.core" xmlns:mvc="sap.ui.core.mvc"
…
xmlns:upload="sap.m.upload">
..
<uxap:ObjectPageSection titleUppercase="false" title="{i18n>productAttachTitle}">
    <uxap:subSections>
        <uxap:ObjectPageSubSection title="">
            <upload:UploadSet id="idUploadSet" instantUpload="false" showIcons="true"
            uploadEnabled="{flagSet>/isEdit}" terminationEnabled="true"
            beforeUploadStarts="handleBeforeUploadStarts"
            uploadUrl="/sap/opu/odata/sap/YGWPRODSO_SRV/AttachSet"
            items="{path: '/AttachSet', templateShareable: false}">
                <upload:items>
                    <upload:UploadSetItem fileName="{FileName}" mediaType="{MimeType}"
                            url="{DownUrl}" visibleEdit="false" enabledRemove="{flagSet>/isEdit}" />
                </upload:items>
            </upload:UploadSet>
        </uxap:ObjectPageSubSection>
    </uxap:subSections>
</uxap:ObjectPageSection>
…
```

UploadSetItem의 URL에 DownUrl Property가 Binding되어 있습니다. 사용자가 UploadSet Control에 출력된 첨부파일명을 클릭하면 url Property에 Binding된 DownUrl을 Link로 호출하게 됩니다.

제품 상세에 맞는 첨부파일만 리스트에 출력하기 위해 Detail.controller.js의 _onObject-Matched 함수에 Filter를 추가합니다.

```
...
_onObjectMatched: function(oEvent) {

...

    oView.bindElement({
        path: this._sKey,
        events: {
            change: function(oEvt) {
                var oData = oEvt.getSource().getModel().getProperty(oEvt.getSource().getPath());
                //첨부파일
                oView.byId("idUploadSet").getBinding("items").filter(
                    new sap.ui.model.Filter("Prodid", sap.ui.model.FilterOperator.EQ,oData.Prodid));
            }
        }
    });
},

...
```

실행화면

주문 관리 Fiori App

제품정보 관리 Fiori App에서 생성한 제품마스터를 판매할 주문 관리 Fiori App을 개발해보겠습니다. OData Service의 Deep Entity 기능을 구현해보기 위한 App으로, 나머지 기능은 최대한 간단하게 구현합니다. Fiori App의 소스코드는 YPRODCT와 대부분 비슷합니다.

▶ SAPUI5 Project 구조

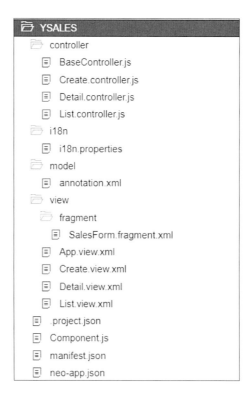

▶ SAPUI5 Project 소스코드

- BaseController.js

```javascript
sap.ui.define([
    "sap/ui/core/mvc/Controller",
    "sap/ui/model/json/JSONModel"
], function(Controller, JSONModel) {
    "use strict";
    return Controller.extend("ysales.controller.BaseController", {
        navTo: function(sName, oParameters, bReplace) {
            this.getOwnerComponent().getRouter().navTo(sName, oParameters, bReplace);
        },
        getResourceBundle: function() {
            return this.getOwnerComponent().getModel("i18n").getResourceBundle();
        },
        resetModelChanges: function() {
            var oModel = this.getView().getModel();
            if (oModel.hasPendingChanges()) {
                oModel.resetChanges();
            }
        },
        initFlagSetModel: function(bFlag) {
            var oFlagSet = new JSONModel({
                isEdit: bFlag
            });
            this.getView().setModel(oFlagSet, "flagSet");
        }
    });
});
```

- Create.controller.js

```javascript
sap.ui.define([
    "ysales/controller/BaseController"
], function(Controller) {
    "use strict";

    return Controller.extend("ysales.controller.Create", {
        onInit: function() {
            this.initFlagSetModel(true);
            this.getOwnerComponent().getRouter().getRoute("Create").attachPatternMatched(
                this._onObjectMatched, this);
        },
        _onObjectMatched: function(oEvent) {
            var oModel = this.getView().getModel();
            oModel.metadataLoaded().then(function() {
                var oContext = oModel.createEntry("SalesOrderSet", null);
                this.getView().bindElement({
                    path: oContext.getPath()
                });
            }.bind(this));
        },
        handleCancel: function(oEvent) {
            this.resetModelChanges();
            this.navTo("List", null, false);
        },
        handleSave: function() {
            var oResourceBundle = this.getResourceBundle(),
                oView = this.getView(),
                oModel = oView.getModel(),
                oSmartForm = oView.byId("idForm");
            if (oSmartForm.check().length > 0) {
                sap.m.MessageBox.error(oResourceBundle.getText("msgCheckMandatory"));
                return;
            }
            oModel.submitChanges({
                success: function(oData, oResp) {
                    sap.m.MessageToast.show(oResourceBundle.getText("msgSaveSuccessfully"));
                    this.navTo("List", null, false);
                }.bind(this),
                error: function(oError) {
```

```
                    if (oError.statusCode === 500) {
                        sap.m.MessageToast.show(oResourceBundle.getText("msgUpdateError"));
                    } else {
                        sap.m.MessageToast.show(JSON.parse(oError.responseText).error.message.value);
                    }
                }
            });
        }
    });
});
```

- Detail.controller.js

```
sap.ui.define([
    "ysales/controller/BaseController",
    "sap/ui/model/json/JSONModel"
], function(Controller, JSONModel) {
    "use strict";
    return Controller.extend("ysales.controller.Detail", {
        onInit: function() {
            this.initFlagSetModel(false);
            this.getOwnerComponent().getRouter().getRoute("Detail").attachPatternMatched(
                this._onObjectMatched, this);
        },
        _onObjectMatched: function(oEvent) {
            this._sKey = "/" + oEvent.getParameter("arguments").key;
            this.getView().bindElement({
                path: this._sKey
            });
        },
        handleEdit: function() {
        this.resetModelChanges();
            var oFlagSet = this.getView().getModel("flagSet");
            oFlagSet.setProperty("/isEdit", !oFlagSet.getProperty("/isEdit"));
        },
        handleSave: function() {
            var oResourceBundle =
                this.getOwnerComponent().getModel("i18n").getResourceBundle(),
                oView = this.getView(),
```

```
                oModel = oView.getModel(),
                oSmartForm = oView.byId("idForm");
        if (oSmartForm.check().length > 0) {
                sap.m.MessageBox.error(oResourceBundle.getText("msgCheckMandatory"));
                return;
        }
        oModel.submitChanges({
                success: function(oData, oResp) {
                        sap.m.MessageToast.show(oResourceBundle.getText("msgSaveSuccessfully"));
                        this.navTo("List", null, false);
                }.bind(this),
                error: function(oError) {
                        if (oError.statusCode === 500) {
                                sap.m.MessageToast.show(oResourceBundle.getText("msgUpdateError"));
                        } else {
                                sap.m.MessageToast.show(JSON.parse(oError.responseText).error.message.value);
                        }
                }
        });
},
handleDelete: function() {
        var oResourceBundle = this.getResourceBundle();
        var oDialog = new sap.m.Dialog({
                title: oResourceBundle.getText("msgDeleteConfirmTitle"),
                type: "Message",
                content: new sap.m.Text({
                        text: oResourceBundle.getText("msgDeleteConfirmMsg")
                }),
                beginButton: new sap.m.Button({
                        type: sap.m.ButtonType.Emphasized,
                        text: oResourceBundle.getText("btnDelete"),
                        press: function() {
                                this._deleteData();
                                oDialog.close();
                        }.bind(this)
                }),
                endButton: new sap.m.Button({
                        text: oResourceBundle.getText("btnCancel"),
                        press: function() {
                                oDialog.close();
                                        }
```

```
            }),
                afterClose: function() {
                    oDialog.destroy();
                }
            });
            oDialog.open();
        },
        _deleteData: function() {
            var oModel = this.getView().getModel(),
                sPath = this.getView().getBindingContext().getPath();
            oModel.remove(sPath);
            this.navTo("List", null, false);
        }

    });
});
```

- List.controller.js

```
sap.ui.define([
    "ysales/controller/BaseController"
], function(Controller) {
    "use strict";
    return Controller.extend("ysales.controller.List", {
        handleNew: function() {
            this.navTo("Create", null, false);
        },
        handleItemPress: function(oEvent) {
            var oItem = oEvent.getSource();
            this.getOwnerComponent().getRouter().navTo("Detail", {
                key: oItem.getSelectedItem().getBindingContext().getPath().substr(1)
            }, false);
        }
    });
});
```

- i18n.properties

```
appTitle=Sales
appDescription=Fiori Demo

msgCheckMandatory=입력값을 확인하세요
msgSaveSuccessfully=저장 성공
msgUpdateError=저장 오류
btnNew=신규
btnSave=저장
btnCancel=취소
btnEdit=수정
btnDelete=삭제

#List
listHeaderTitle=검색결과

#Create
newTitle=New sales order
newSubTitle=Data create test
salesInfoInputTitle=sales order

#Detail
msgDeleteConfirmTitle=삭제 확인
msgDeleteConfirmMsg=삭제 하시겠습니까?
```

- annotation.xml

```xml
<edmx:Edmx xmlns:edmx="http://docs.oasis-open.org/odata/ns/edmx" Version="4.0">
    <edmx:Reference Uri="http://docs.oasis-open.org/odata/odata-data-aggregation-ext/
v4.0/cs02/vocabularies/Org.OData.Aggregation.V1.xml">
        <edmx:Include Alias="Aggregation" Namespace="Org.OData.Aggregation.V1"/>
    </edmx:Reference>
    <edmx:Reference Uri="http://docs.oasis-open.org/odata/odata/v4.0/errata03/os/complete/
vocabularies/Org.OData.Capabilities.V1.xml">
        <edmx:Include Alias="Capabilities" Namespace="Org.OData.Capabilities.V1"/>
    </edmx:Reference>
```

```xml
<edmx:Reference Uri="https://wiki.scn.sap.com/wiki/download/attachments/448470974/
Common.xml?api=v2">
        <edmx:Include Alias="Common" Namespace="com.sap.vocabularies.Common.v1"/>
    </edmx:Reference>
    <edmx:Reference Uri="https://wiki.scn.sap.com/wiki/download/attachments/448470971/
Communication.xml?api=v2">
        <edmx:Include Alias="vCard" Namespace="com.sap.vocabularies.Communication.v1"/>
    </edmx:Reference>
    <edmx:Reference Uri="http://docs.oasis-open.org/odata/odata/v4.0/errata03/os/complete/
vocabularies/Org.OData.Core.V1.xml">
        <edmx:Include Alias="Core" Namespace="Org.OData.Core.V1"/>
    </edmx:Reference>
    <edmx:Reference Uri="http://docs.oasis-open.org/odata/odata/v4.0/errata03/os/complete/
vocabularies/Org.OData.Measures.V1.xml">
        <edmx:Include Alias="CQP" Namespace="Org.OData.Measures.V1"/>
    </edmx:Reference>
    <edmx:Reference Uri="https://wiki.scn.sap.com/wiki/download/attachments/448470968/
UI.xml?api=v2">
        <edmx:Include Alias="UI" Namespace="com.sap.vocabularies.UI.v1"/>
    </edmx:Reference>
    <edmx:DataServices>
        <Schema xmlns="http://docs.oasis-open.org/odata/ns/edm">
            <Annotations Target="YGWPRODSO_SRV.SalesOrder">
                <Annotation Term="UI.SelectionFields">
                    <Collection>
                        <PropertyPath>Sono</PropertyPath>
                        <PropertyPath>Memo</PropertyPath>
                        <PropertyPath>Erdat</PropertyPath>
                    </Collection>
                </Annotation>
                <Annotation Term="UI.LineItem">
                    <Collection>
                        <Record Type="UI.DataField">
                            <PropertyValue Property="Value" Path="Sono"/>
                        </Record>
                        <Record Type="UI.DataField">
                            <PropertyValue Property="Value" Path="Memo"/>
                        </Record>
                        <Record Type="UI.DataField">
                            <PropertyValue Property="Value" Path="Erdat"/>
                        </Record>
                        <Record Type="UI.DataField">
```

```
                    <PropertyValue Property="Value" Path="Erzet"/>
                </Record>
            </Collection>
        </Annotation>
      </Annotations>
    </Schema>
  </edmx:DataServices>
</edmx:Edmx>
```

- SalesForm.fragment.xml

```
<core:FragmentDefinition xmlns:core="sap.ui.core" xmlns="sap.m" xmlns:smartForm="sap.
ui.comp.smartform"
    xmlns:smartField="sap.ui.comp.smartfield" xmlns:ui="sap.ui.table">
    <smartForm:SmartForm id="idForm" editable="{flagSet>/isEdit}">
        <smartForm:Group >
            <smartForm:GroupElement>
                <smartField:SmartField value="{Memo}"/>
            </smartForm:GroupElement>
        </smartForm:Group>
    </smartForm:SmartForm>
</core:FragmentDefinition>
```

- App.view.xml

```
<mvc:View xmlns:mvc="sap.ui.core.mvc" xmlns="sap.m" displayBlock="true">
    <App id="APP_ID"></App>
</mvc:View>
```

- Create.view.xml

```xml
<mvc:View xmlns:core="sap.ui.core" xmlns:mvc="sap.ui.core.mvc" xmlns="sap.m" xmlns:uxap="sap.uxap"
xmlns:smartForm="sap.ui.comp.smartform" xmlns:smartField="sap.ui.comp.smartfield" controllerName="ysales.
controller.Create" xmlns:html="http://www.w3.org/1999/xhtml">
    <uxap:ObjectPageLayout showFooter="true" enableLazyLoading="true"
        showTitleInHeaderContent="true">
        <uxap:headerTitle>
            <uxap:ObjectPageHeader objectTitle="{i18n>newTitle}" objectSubtitle="{i18n>newSubTitle}"
                isObjectIconAlwaysVisible="false"      isObjectTitleAlwaysVisible="false"
                isObjectSubtitleAlwaysVisible="false" />
        </uxap:headerTitle>
        <uxap:sections>
            <uxap:ObjectPageSection titleUppercase="false" title="{i18n>salesInfoInputTitle}">
                <uxap:subSections>
                    <uxap:ObjectPageSubSection title="">
                        <core:Fragment fragmentName="ysales.view.fragment.SalesForm" type="XML"/>
                    </uxap:ObjectPageSubSection>
                </uxap:subSections>
            </uxap:ObjectPageSection>
        </uxap:sections>
        <uxap:footer>
            <Bar>
                <contentRight>
                    <Button text="{i18n>btnSave}" press="handleSave" type="Emphasized"/>
                    <Button text="{i18n>btnCancel}" press="handleCancel" type="Transparent"/>
                </contentRight>
            </Bar>
        </uxap:footer>
    </uxap:ObjectPageLayout>
</mvc:View>
```

- Detail.view.xml

```xml
<mvc:View xmlns:core="sap.ui.core" xmlns:mvc="sap.ui.core.mvc" xmlns="sap.m" xmlns:uxap="sap.uxap"
xmlns:smartForm="sap.ui.comp.smartform" xmlns:smartField="sap.ui.comp.smartfield" controllerName="ysales.
controller.Detail" xmlns:html="http://www.w3.org/1999/xhtml">
      <uxap:ObjectPageLayout showFooter="true" enableLazyLoading="true"
          showTitleInHeaderContent="true">
          <uxap:headerTitle>
              <uxap:ObjectPageHeader objectTitle="{Carrid}" objectSubtitle="{Connid}"
                  isObjectIconAlwaysVisible="false" isObjectTitleAlwaysVisible="false"
                  isObjectSubtitleAlwaysVisible="false"/>
          </uxap:headerTitle>
          <uxap:sections>
              <uxap:ObjectPageSection titleUppercase="false" title="{i18n>salesInfoInputTitle}">
                  <uxap:subSections>
                      <uxap:ObjectPageSubSection title="">
                      <core:Fragment fragmentName="ysales.view.fragment.SalesForm" type="XML"/>
                      </uxap:ObjectPageSubSection>
                  </uxap:subSections>
              </uxap:ObjectPageSection>
          </uxap:sections>
          <uxap:footer>
              <Bar>
                  <contentRight>
                      <Button text="{i18n>btnSave}" press="handleSave" type="Emphasized"
                          visible="{flagSet>/isEdit}"/>
                      <Button text="{i18n>btnEdit}" press="handleEdit" type="Transparent"
                          visible="{= !${flagSet>/isEdit}}"/>
                      <Button text="{i18n>btnCancel}" press="handleEdit" type="Transparent"
                          visible="{flagSet>/isEdit}"/>
                      <Button text="{i18n>btnDelete}" press="handleDelete" type="Emphasized"
                          visible="{= !${flagSet>/isEdit}}"/>
                  </contentRight>
              </Bar>
          </uxap:footer>
      </uxap:ObjectPageLayout>
</mvc:View>
```

- List.view.xml

```xml
<mvc:View xmlns:core="sap.ui.core" xmlns:mvc="sap.ui.core.mvc" xmlns="sap.m" xmlns:sv="sap.ui.comp.
smartvariants"    xmlns:smartFilterBar="sap.ui.comp.smartfilterbar" xmlns:smartTable="sap.ui.comp.
smarttable" xmlns:f="sap.f" controllerName="ysales.controller.List" xmlns:html="http://www.w3.org/1999/
xhtml">
    <f:DynamicPage showFooter="false">
        <f:title>
            <f:DynamicPageTitle>
                <f:heading>
                    <sv:SmartVariantManagement id="idSmartVariant" showShare="true"

                        persistencyKey="SmartFilter_Variant" showExecuteOnSelection="true"/>
                </f:heading>
            </f:DynamicPageTitle>
        </f:title>
        <f:header>
            <f:DynamicPageHeader>
                <f:content>
                    <smartFilterBar:SmartFilterBar id="idSmartFilterBar" useToolbar="false"
                        smartVariant="idSmartVariant" entitySet="SalesOrderSet"
                        persistencyKey="SmartFilter_Explored"/>
                </f:content>
            </f:DynamicPageHeader>
        </f:header>
        <f:content>
            <smartTable:SmartTable id="idSmartTable" entitySet="SalesOrderSet"
                smartFilterId="idSmartFilterBar" useExportToExcel="true"
                useVariantManagement="true" useTablePersonalisation="true"
                smartVariant="idSmartVariant" header="{i18n>listHeaderTitle}"
                tableType="ResponsiveTable" showRowCount="true" enableAutoBinding="true"
                class="sapUiResponsiveContentPadding" demandPopin="true">
                <smartTable:customToolbar>
                    <Toolbar>
                        <ToolbarSpacer/>
                        <Button icon="sap-icon://add" text="{i18n>btnNew}" press="handleNew"
                            type="Transparent"/>
                    </Toolbar>
```

```
                        </smartTable:customToolbar>
                        <smartTable:items>
                            <Table growing="true" growingScrollToLoad="true" fixedLayout="false"
                                itemPress="handleItemPress" mode="SingleSelectMaster">
                                <ColumnListItem type="Navigation"/>
                            </Table>
                        </smartTable:items>
                    </smartTable:SmartTable>
                </f:content>
            </f:DynamicPage>
        </mvc:View>
```

- Component.js

```
sap.ui.define([
    "sap/ui/core/UIComponent"
], function(UIComponent) {
    "use strict";
    return UIComponent.extend("ysales.Component", {
        metadata: {
            manifest: "json"
        },
        init: function() {
            // call the base component's init function
            UIComponent.prototype.init.apply(this, arguments);

            // enable routing
            this.getRouter().initialize();
        }
    });
});
```

- manifest.json

```json
{
    "_version": "1.7.0",
    "sap.app": {
        "id": "ysales",
        "type": "application",
        "i18n": "i18n/i18n.properties",
        "applicationVersion": {
            "version": "1.0.0"
        },
        "title": "{{appTitle}}",
        "description": "{{appDescription}}",
        "dataSources": {
            "MAIN_SRV": {
                "uri": "/sap/opu/odata/sap/YGWPRODSO_SRV/",
                "type": "OData",
                "settings": {
                    "odataVersion": "2.0",
                    "localUri": "localService/metadata.xml",
                    "annotations": [
                        "annotation1"
                    ]
                }
            },
            "annotation1": {
                "uri": "model/annotation.xml",
                "type": "ODataAnnotation",
                "settings": {
                    "localUri": "model/annotation.xml"
                }
            }
        }
    },
    "sap.ui": {
        "technology": "UI5",
        "fullWidth": true,
        "deviceTypes": { "desktop": true, "tablet": true, "phone": true },
        "supportedThemes": [ "sap_hcb", "sap_belize" ]
    },
```

```
"sap.ui5": {
    "rootView": {
        "viewName": "ysales.view.App",
        "type": "XML"
    },
    "dependencies": {
        "minUI5Version": "1.30.0",
        "libs": { "sap.m": {}, "sap.ui.core": {}          }
    },
    "contentDensities": { "compact": true, "cozy": true },
    "models": {
        "": {
            "type": "sap.ui.model.odata.v2.ODataModel",
            "settings": {
                "defaultCountMode": "Request",
                "defaultOperationMode": "Server",
                "defaultBindingMode": "TwoWay",
                "refreshAfterChange": "true"
            },
            "dataSource": "MAIN_SRV",
            "preload": false
        },
        "i18n": {
            "type": "sap.ui.model.resource.ResourceModel",
            "settings": {
                "bundleName": "ysales.i18n.i18n"
            }
        },
        "@i18n": {
            "type": "sap.ui.model.resource.ResourceModel",
            "uri": "i18n/i18n.properties"
        }
    },
    "routing": {
        "config": {
            "routerClass": "sap.m.routing.Router",
            "viewType": "XML",
            "controlAggregation": "pages",
            "viewPath": "ysales.view",
            "controlId": "APP_ID"
        },
```

```
        "routes": [
            {
                "name": "List", "pattern": "", "target": "List"
            },
            {
                "name": "Create", "pattern": "Create", "target": "Create"
            },
            {
                "pattern": "Detail/{key}", "name": "Detail", "target": "Detail"
            }
        ],
        "targets": {
            "List": { "viewId": "List", "viewName": "List" },
            "Create": { "viewId": "Create", "viewName": "Create" },
            "Detail": { "viewType": "XML", "viewName": "Detail" }
        }
    }
},
"sap.platform.abap": {
    "uri": "/sap/bc/ui5_ui5/sap/ysales",
    "_version": "1.1.0"
}
}
```

List 실행화면

Create 실행화면

Deep Entity는 계층구조의 데이터를 일괄 처리하는 용도로 사용합니다. Batch 처리와 다른 점은 Sales Order 생성처럼 단순히 Transaction만 묶어서 처리하는 것이 아니라, Sales Order 번호가 생성되면 이후 Item에 생성된 Sales Order 번호를 전달하여 함께 처리를 해야 한다는 것입니다.

▶ Navigation Property

Deep Entity 기능을 사용하기 위해서는 관련 Entity들이 Association되어서 Navigation Property가 생성되어 있어야 합니다. SAP Gateway Project에서 "Data Model → Create → Association"을 클릭하여 Association을 생성합니다(CDS View를 생성할 때 CDS View 간의 Association을 연결하여 RDS Modeling에서 사용하는 것과 동일하게 MDS나 Free Style Modeling에서는 SAP Gateway Service Builder에서 Association을 연결할 수 있습니다).

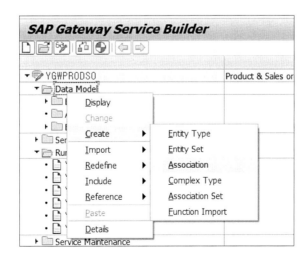

Association Name과 관련 Entity들을 지정하고 Cardinality를 입력합니다. Principal Entity에서 Dependent Entity로 이동할 Navigation Property명을 지정합니다. 보통 Dependent가 되는 Entity명 앞에 To를 붙여서 지정합니다. 대소문자를 구분하고 띄어쓰기를 할 수 없는 Camel Case로 생성합니다.

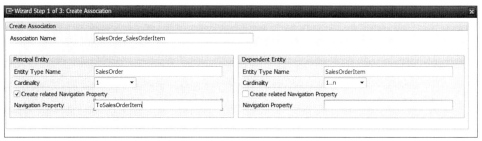

CDS View에서는 Association을 언더바로 시작하게 했고(_sflight), Navigation Property명은 Association명 앞에 to가 붙어(to_sflight) 자동으로 생성되었습니다.

두 Entity를 연결할 Key를 지정합니다. CDS View에서 Association을 연결할 때와는 다르게 Dependent Entity의 Key Property만 연결 Key로 지정할 수 있습니다.

AssociationSet을 입력합니다.

Association과 Navigation Property가 생성됩니다.

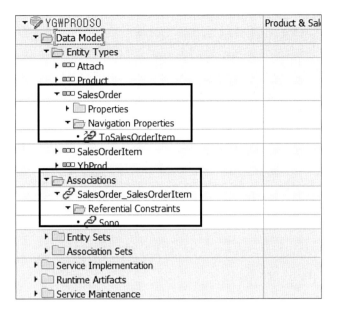

▶ Data Provider Class

Entity Set에 대해 Deep Entity가 호출되면 SAP OData Service는 CREATE_ENTI-TY Method 대신 CREATE_DEEP_ENTITY Method를 호출합니다(OData Service의 Deep Entity를 호출하는 방법은 이후 Fiori App에서 설명합니다).

Deep Entity 처리를 위해 /IWBEP/IF_MGW_APPL_SRV_RUNTIME~CREATE_DEEP_ENTITY Method를 Redefine합니다.

```
METHOD /iwbep/if_mgw_appl_srv_runtime~create_deep_entity.
    CASE iv_entity_name.
      WHEN 'SalesOrder'.
        TYPES : BEGIN OF ts_sales.
                  .INCLUDE TYPE ycl_ygwprodso_mpc=>ts_salesorder.
                  TYPES : tosalesorderitem TYPE STANDARD TABLE OF ycl_ygwprodso_mpc=>ts_salesorderitem
                    WITH DEFAULT KEY.
        TYPES : END OF ts_sales.

        DATA : ls_so_data TYPE ts_sales,
               ls_so      TYPE ycl_ygwprodso_mpc=>ts_salesorder,
               lt_so_item TYPE ycl_ygwprodso_mpc=>tt_salesorderitem.
        io_data_provider->read_entry_data( IMPORTING es_data = ls_so_data ).

        MOVE-CORRESPONDING ls_so_data TO ls_so.

        SELECT MAX( sono ) INTO ls_so-sono
          FROM ysalesorder.

        ADD 1 TO ls_so-sono.
        ls_so-erdat = sy-datum.
        ls_so-erzet = sy-uzeit.

        INSERT ysalesorder FROM ls_so.

        LOOP AT ls_so_data-tosalesorderitem INTO DATA(ls_item).
          ls_item-sono = ls_so-sono.
          APPEND ls_item TO lt_so_item.
        ENDLOOP.
        MODIFY ysoitem FROM TABLE lt_so_item.

        copy_data_to_ref( EXPORTING is_data = ls_so_data
                          CHANGING cr_data = er_deep_entity ).
    ENDCASE.
  ENDMETHOD.
```

☑ Deep Entity에 맞는 Deep Structure로 Work Area를 선언합니다.

☑ io_data_provider 객체를 통해 SalesOrder란 Entity명으로 전달받은 Deep Entity 데이터를 Work Area로 가져와 처리합니다.

▶ Deep Entity 호출

주문 관리 Fiori App의 Create 기능을 수정하여 Deep Entity를 호출해보겠습니다. 우선 Create.view.xml에 새로운 ObjectPasgeSection을 추가해 Sales Order Item을 입력할 수 있는 리스트를 생성합니다. 이때 리스트의 데이터는 OData Model을 Binding하지 않고 JSON Model을 Binding하도록 합니다(OData Model은 In-Line 생성 기능을 제공하지 않기 때문에 JSON Model을 사용해야 합니다).

```xml
…
<uxap:ObjectPageSection titleUppercase="false" title="{i18n>salesItemInputTitle}">
    <uxap:subSections>
        <uxap:ObjectPageSubSection title="">
            <core:Fragment fragmentName="ysales.view.fragment.SalesItemForm" type="XML"/>
        </uxap:ObjectPageSubSection>
    </uxap:subSections>
</uxap:ObjectPageSection>
…
```

- SalesItemList.fragment.xml

```xml
<core:FragmentDefinition xmlns:core="sap.ui.core" xmlns="sap.m" xmlns:ui="sap.ui.table">
    <ui:Table rows="{localData>/SalesOrderItem}" visibleRowCount="7"
        selectionMode="None" class="sapUiSmallMargin">
        <ui:toolbar>
            <OverflowToolbar>
                <content>
                    <Button
                     text="{i18n>btnNew}" press="handleAddOrderItem" />
                </content>
            </OverflowToolbar>
        </ui:toolbar>
        <ui:columns>
            <ui:Column width="150px">
                <Label text="{i18n>Itemno}"/>
                <ui:template>
                    <Text text="{localData>Itemno}"/>
                </ui:template>
            </ui:Column>
            <ui:Column width="200px">
                <Label text="{i18n>Prodid}"/>
                <ui:template>
                    <Input value="{localData>Prodid}"/>
                </ui:template>
            </ui:Column>
            <ui:Column width="150px">
                <Label text="{i18n>Qty}"/>
                <ui:template>
                    <Input value="{localData>Qty}" />
                </ui:template>
            </ui:Column>
            <ui:Column width="100px" hAlign="Center">
                <ui:template>
                    <HBox>
                        <Button   icon="sap-icon://delete" type="Transparent"
                         press="handleDeleteCondition"/>
                    </HBox>
                </ui:template>
            </ui:Column>
        </ui:columns>
    </ui:Table>
</core:FragmentDefinition>
```

- i18n.properties

```
…
#Create
newTitle=New sales order
newSubTitle=Data create test
salesInfoInputTitle=Sales order
salesItemInputTitle=Order items
Itemno=Item No
Prodid=Product ID
Qty=Order Qty
…
```

실행화면: Order Item 리스트 추가

Create.controller.js에서 Sales Order Item을 저장할 JSON Model을 만들어 View에 Binding
합니다. 사용자가 신규 버튼 클릭 시 View에 Binding한 JSON Model에 신규 라인을 추가(push)
합니다.

```
sap.ui.define([
    "ysales/controller/BaseController",
    "sap/ui/model/json/JSONModel"
], function(Controller, JSONModel) {
    "use strict";

    return Controller.extend("ysales.controller.Create", {
        onInit: function() {
            this.initFlagSetModel(true);
            this.getView().setModel(new JSONModel(), "localData");
            this.getOwnerComponent().getRouter().getRoute("Create").attachPatternMatched(
                this._onObjectMatched, this);
        },
        _onObjectMatched: function(oEvent) {
            var oModel = this.getView().getModel();
            oModel.metadataLoaded().then(function() {
                var oContext = oModel.createEntry("SalesOrderSet", null);
                this.getView().bindElement({
                    path: oContext.getPath()
                });
            }.bind(this));
            var oLocalModel = this.getView().getModel("localData");
            oLocalModel.setData({
                SalesOrderItem: []
            });
        },
        handleAddOrderItem: function() {
            var oLocalModel = this.getView().getModel("localData");
            var oData = oLocalModel.getData();
            var iCnt = oData.SalesOrderItem.length;
            iCnt++;
            oData.SalesOrderItem.push({
                Itemno: iCnt.toString(),
                Prodid: "",
                Qty: 1
            });
            oLocalModel.setData(oData);
        },
    ...
```

저장 버튼 클릭 시 JSON Model의 SalesOrderItem Property를 OData Model의 Create Method 인자값으로 전달합니다. 이때 Create Method의 첫 번째 인자값인 Path는 특정 Entry Path를 지정하지 않고 Entity Set명만 사용합니다. 그래야 SAP OData Service가 Deep Entity 호출임을 인지하고 SALESORDERSET_CREATE_ENTITY가 아닌 CREATE_DEEP_ENTITY Method를 호출합니다.

```
...
    handleSave: function() {
...
        var oSalesOrder = oView.getBindingContext().getObject(),
            oLocalData = oView.getModel("localData").getData();
        var oDeepEntity = {
            Memo: oSalesOrder.Memo,
            ToSalesOrderItem: oLocalData.SalesOrderItem
        };
        //key가 지정되지 않은 SalesorderSet path를 직접 지정
        oModel.create("/SalesOrderSet", oDeepEntity, {
            success: function(oData, oResp) {
...
            }.bind(this),
            error: function(oError) {
...
        });
...
```

이제 Test 데이터를 입력하고 Deep Entity를 호출해보겠습니다.

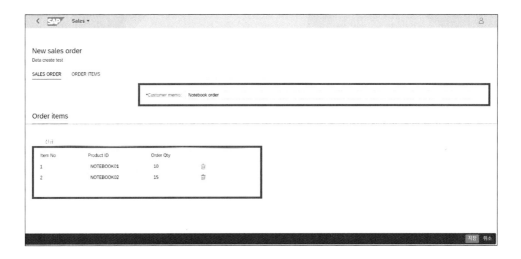

Data Provider Class의 CREATE_DEEP ENTITY Method에 External Debugging을 세팅하고
저장 버튼을 누르면 전달받은 데이터를 확인할 수 있습니다.

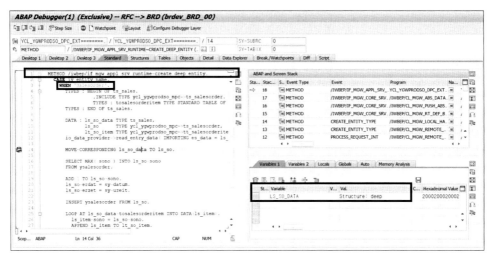

External Debugger

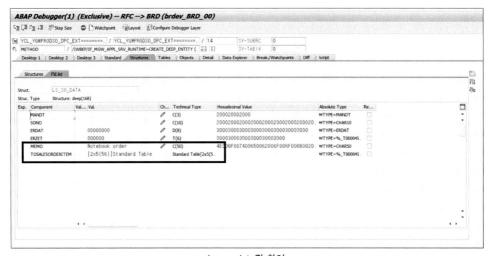

is_so_data값 확인

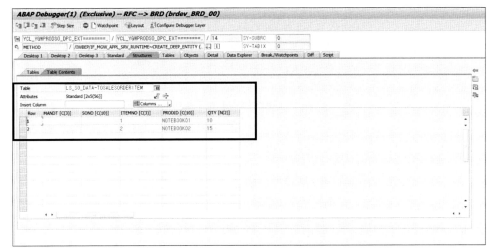

is_so_data-tosalesorderitem값 확인

저장된 데이터 결과

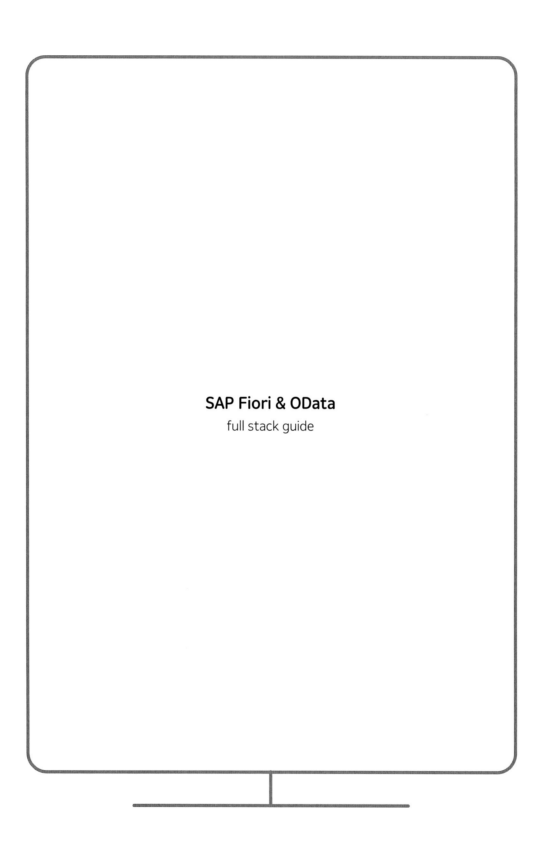

SAP Fiori & OData

full stack guide

PART VII

추가 지식

PART I

PART II

PART III

PART IV

PART V

PART VI

PART VII

SAP 시스템은 다국어를 지원합니다. OData Service와 SAPUI5 Project도 다국어를 사용할 수 있는데 필요에 따라 여러 군데에서 다국어 설정을 할 수 있습니다. 여기에서는 i18n.properties, annotaton.xml, ABAP Object Text Translation, CDS View annotation 등을 통해서 다국어를 적용하는 방법에 대해 알아보겠습니다.

▶ SAPUI5 Project에서의 다국어 설정

SAPUI5는 기본적으로 i18n.properties를 통해서 다국어를 지원합니다. 사용자 브라우저의 기본 언어값에 따라 언어별 i18n.properties 파일을 생성해놓으면 개발자가 따로 지정하지 않아도 해당 언어 파일을 찾아서 사용합니다.

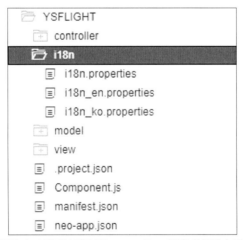

SAPUI5 Project 안에서 여러 i18n.properties 파일을 사용할 수 있습니다.

SAPUI5 Project는 구동 시 브라우저의 기본 설정을 확인하여 해당 언어의 i18n_[언어키].properties 파일을 찾고 없을 경우 기본 i18n.properties 파일을 사용합니다.

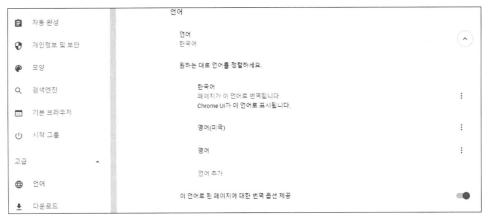

크롬 브라우저는 "설정 → 고급 → 언어"에서 브라우저의 기본 언어를 설정합니다.

브라우저의 기본 언어를 변경하지 않고 sap-language라는 URI Parameter를 통해서 사용 언어를 지정할 수도 있습니다.

sap-language=EN

sap-language=KO

SmartFilterBar나 SmartTable, SmartField 등은 OData Model의 Metadata를 확인하여 Property의 sap:label 속성값으로 출력 Label을 사용합니다.

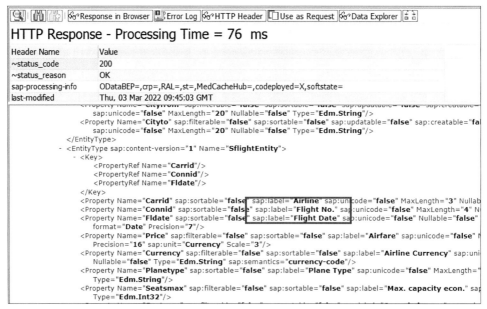

OData Model의 Metadata에 Property별 sap:label 속성값이 있습니다.

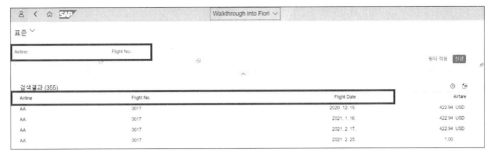

SAPUI5의 Smart Control들은 sap:label값을 출력 Label로 사용합니다.

Smart Control들이 Label을 출력할 때 sap:label값을 사용하지 않고 직접 Text를 지정하고 싶을 수도 있습니다. 이런 경우 언어별 i18n.properties에 Text Element를 생성하고 annotation.xml에서 i18n의 Text Element를 Assign하여 사용할 수 있습니다.

```
...
<Annotation Term="UI.LineItem">
    <Collection>
...
        <Record Type="UI.DataField">
            <PropertyValue Property="Value" Path="Price"/>
            <PropertyValue Property="Label" String="{@i18n&gt;lbPrice}"/>
        </Record>
    </Collection>
</Annotation>
...
```

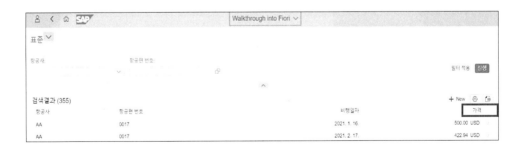

SmartField Control의 경우는, SmartForm의 GroupElement에 Label 속성을 지정함
으로써 i18n.properties의 Text Element를 사용할 수 있습니다.

```
<smartForm:GroupElement label="{i18n>lbCarrid}">
    <smartField:SmartField value="{Carrid}"/>
</smartForm:GroupElement>
```

▶ CDS View에서의 다국어 설정

CDS View를 사용하여 RDS Modeling 방식으로 OData Service를 생성한 경우 각
Property의 Label은 ABAP Data Element에 등록된 Medium Text가 사용됩니다.

```
…
define view yspfli
  as select from spfli as _spfli
{
key _spfli.carrid    as Carrid,
key _spfli.connid    as Connid,
…
```

CDS View에 따로 Label과 관련된 설정을 하지 않으면 Data Element의 Medium Text를 사용합니다.

Dictionary: Display Data Element

◁ | 🕂🗂 | 🗂✏🖨 | 🖧🎛ⓘ | 🖷🗗 | Documentation   Supplementary Documentation

Data element   S_CARR_ID   Active
Short Description   Airline Code

| Attributes | Data Type | Further Characteristics | Field Label |

	Length	Field Label
Short	7	Carrier
Medium	16	Airline
Long	16	Airline
Heading	2	ID

Data Element S_CARR_ID

metadata의 sap:label 속성

CDS View에 Label Annotaion을 추가하여 Property의 sap:label 속성값을 변경할 수 있습니다.

```
…
define view yspfli
   as select from spfli as _spfli
{
@EndUserText.label: 'Airline Company'
key _spfli.carrid    as Carrid,
key _spfli.connid    as Connid,
…
```

CDS View에 Label Annotation을 추가하여 원하는 Label을 지정합니다.

Carrid Property는 더 이상 Data Element의 Medium Text를 사용하지 않습니다. 필요한 경우 ABAP Object Text Translation 기능을 사용하여 CDS View에 다국어 설정을 해야 합니다. "Tcode SE63 → Short Texts → A5 User Interface Texts → DDLS CDS Views"를 선택하여 Text Translation을 진행합니다.

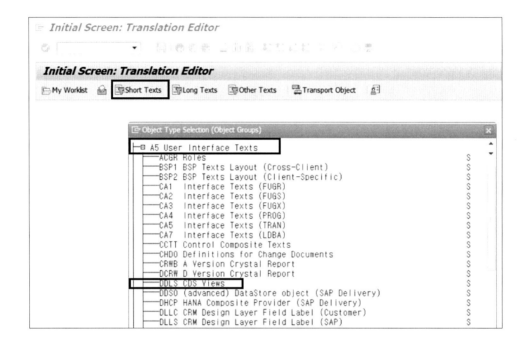

Object Name에 CDS View ID를 입력하고 Soruce Language와 Target Language를 입력합니다.

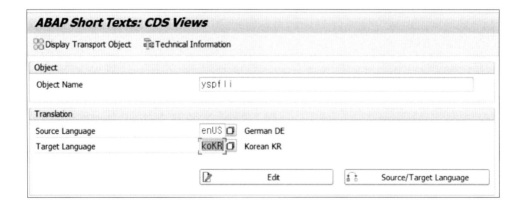

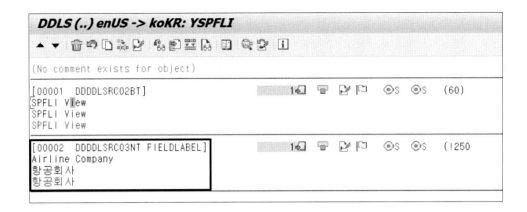

SAP Gateway Client를 실행하고, URI 맨 뒤에 sap-language=KO Parameter를 추가
하면 변환된 Label을 확인할 수 있습니다.

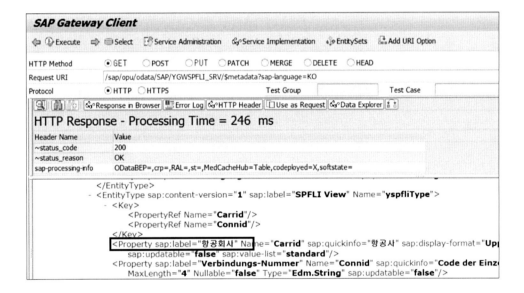

▶ SAP Gateway Project에서의 다국어 설정

SAP Gateway Service Builder에서 Table을 Import하여 Entity를 생성하면 기본적
으로 Table Field들이 Assign하고 있는 Data Element들의 Medium Text를 Property
의 Label로 사용합니다.

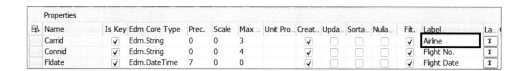

	Name	Is Key	Edm Core Type	Prec.	Scale	Max ...	Unit Pro...	Creat...	Upda...	Sorta...	Nulla...	Filt.	Label	La...
	Carrid	✓	Edm.String	0	0	3		✓				✓	Airline	Ⅰ
	Connid	✓	Edm.String	0	0	4		✓				✓	Flight No.	Ⅰ
	Fldate	✓	Edm.DateTime	7	0	0		✓				✓	Flight Date	Ⅰ

이런 경우는 Data Element의 Medium Text를 Translation해서 다국어 설정을 해야 합니다. 그런데 만약 사용자가 Property의 Label을 Data Element의 Medium Text와 다르게 수정하여 저장한다면 Property와 Data Element 간의 Text 연결이 끊어지게 됩니다.

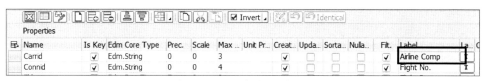

Data Element의 Medium Text와 다른 값을 직접 입력했습니다.

Metadata의 sap:label 속성값이 입력한 Text로 변경됩니다.

이렇게 독립된 Property의 Label은 Model Provider Class에서 Text Symbols로 생성되어 관리됩니다.

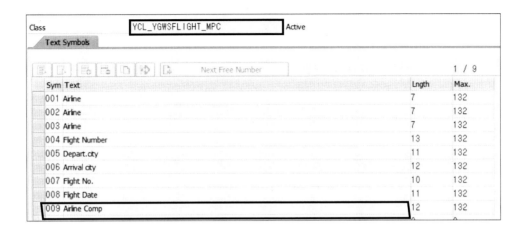

Model Provider Class의 Text Element를 Translation함으로써 다국어 설정을 할 수 있습니다.

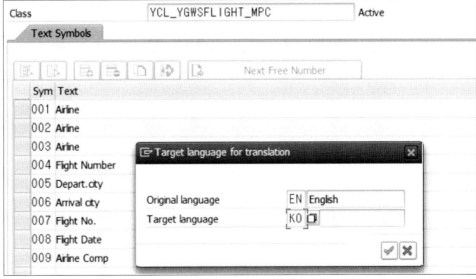

Target language를 KO로 했습니다.

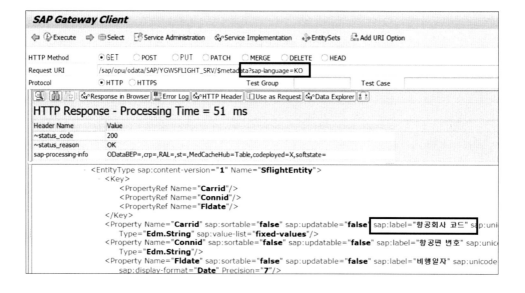

항공사 코드로 수정했습니다.

Fiori의 핵심 요소 중의 하나는 Fiori Launchpad입니다. Fiori App들은 Fiori Launch-pad를 통해서 하나의 Component로서 동작합니다. Fiori Launchpad는 모든 Fiori App을 품는 통합 환경이며 사용자들의 Single Entry Point입니다. 개발자는 Fiori Launch-pad가 있기 때문에 Single Sign On을 포함한 계정 관리, 권한 관리, 사용자 설정 관리 등에 얽매이지 않고 개별 Fiori App 개발에만 집중할 수 있습니다.

▶ Fiori App 배포

개발된 Fiori App을 SAP 시스템으로 배포(Deploy)해보겠습니다. "SAPUI5 Project → 마우스 오른쪽 클릭 → Deploy → Deploy to SAPUI5 ABAP Repository"를 선택합니다.

Target System(사전준비 단계에서 등록한 SAP 시스템)을 선택하고 "Deploy a new application"으로 배포합니다. 이후 재배포 시에는 "Update an existing application"으로 배포합니다.

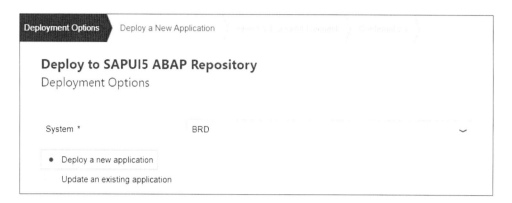

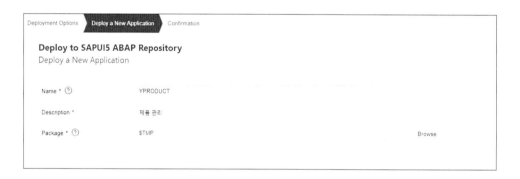

- Name

ABAP 영역에서 사용하는 BSP Application ID로 SAPUI5 Project ID를 입력합니다. 띄어쓰기 없이 대문자만 사용 가능합니다.

- Description

BSP Application Description

- Package

BSP Application을 Assign할 SAP Package를 지정합니다. 여기선 Local package를 지정했습니다.

배포가 완료되면 Package 하위에 BSP Application이 생성된 것을 확인할 수 있습니다.

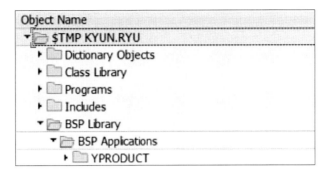

Tcode SICF에서 Service Node를 확인할 수 있습니다.

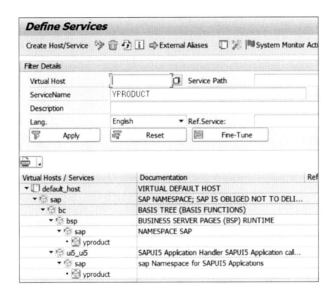

▶ Fiori Launchpad 접속

Fiori Launchpad Initial Setup은 Basis(BC)의 업무이므로 본 문서에서는 다루지 않습니다.

Fiori Launchpad가 Initial Setup이 되어 있다면, Tcode /UI2/FLP를 통해 접근할 수 있습니다. Tcode의 맨 앞이 '/'로 시작하기 때문에 사실상 맨 앞에 '/n'을 추가하여 /n/UI2/FLP를 입력해야 정상 접속됩니다.

▶ Fiori Launchpad Tile 생성

Fiori Launchpad는 Tile이란 Object를 통해서 Fiori App과 연결됩니다. Fiori Launchpad의 Tile은 일종의 메뉴이기도 하며 KPI를 출력할 수 있는 지표 표현 Object이기도 하고 News와 같은 RSS Feed를 출력하는 RSS Reader이기도 합니다.

Tile을 생성하기 위해선 Launchpad Designer를 사용합니다. Tcode /UI2/FLPD_CUST or /UI2/FLPD_CONF를 입력하여 실행합니다. /UI2/FLPD_CONF는 전체 Client에 대한 Designer이고, /UI2/FLPD_CUST는 Client별 Designer입니다. /UI2/FLPD_CONF에서 Tile 설정을 하면 /UI2/FLPD_CUST에서도 동일하게 적용되지만 /UI2/FLPD_CUST에서 설정한 데이터는 /UI2/FLPD_CONF에 적용되지 않습니다.

Launchpad Designer에서는 Tile Catalog 생성 → Target mapping 생성 → Tile 생성 → Tile Group 생성 → Tile 등록 단계로 진행됩니다. 생성된 Tile Catalog와 Group을 SAP Role에 Assign하여 Fiori App에 대한 접근 권한을 제어하고 사용자에게 표시할 Tile 리스트를 결정합니다.

- Tile Catalog 생성

Tile Catalog에는 Fiori App과 Semantic object-action을 Mapping하는 Target Mapping 기능과 Tile의 Type, Title 등을 설정하는 Tile 생성 기능이 있습니다. 이렇게 생성된 Target Mapping과 Tile은 Catalog라는 Object에 속하게 되며 이 Catalog가 향후 SAP Role에 Assign되어 권한 관리가 이루어집니다. Tcode /UI2/FLPD_CONF를 통해 Launchpad Designer에 접속합니다(Catalog 설정을 CTS하기 위해서는 /UI2/FLPD_CONF를 사용하여야 합니다).

왼쪽 하단의 + 버튼을 눌러 신규 Catalog를 생성합니다.

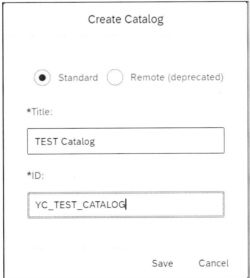

Test용 Catalog YC_TEST_CATALOG를 생성했습니다.

- Target mapping 생성

Catalog에 신규 Target Mapping 생성을 합니다.

신규 Target Mapping 정보를 입력합니다.

☑ **Semantic Object:** 비즈니스 업무단위를 입력합니다. 예를 들어 Customer, SalesOrder 등입니다. 대소문자를 구분하며 띄어쓰기는 입력할 수 없습니다.

☑ **Action:** 비즈니스 업무단위의 수행 내용을 입력합니다. 예를 들어 display, manage 등입니다. 대소문자를 구분하며 띄어쓰기는 입력할 수 없습니다.

☑ **Application Type:** SAPUI5 Fiori App, ABAP Tcode, Web dynpro, 외부 URL 등 Tile을 클릭했을 때 실행되는 Application의 유형을 정의합니다.

☑ **URL:** URL이 있다면 입력합니다. SAP 시스템에 Deploy된 Fiori App은 ID를 통해 접근하기 때문에 URL은 입력하지 않습니다.

☑ **ID:** Target이 되는 App의 ID를 입력합니다. SAPUI5 Project의 manifest.json 파일에 지정한 ID값을 넣습니다(만약 br.test.yproduct와 같이 Name Space를 사용했을 경우 Name Space까지 모두 입력하여야 합니다).

- Tile 생성

Tiles 탭의 타일 모양 + 버튼을 클릭합니다.

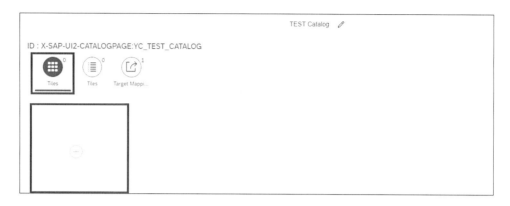

App Launcher - Static을 선택합니다.

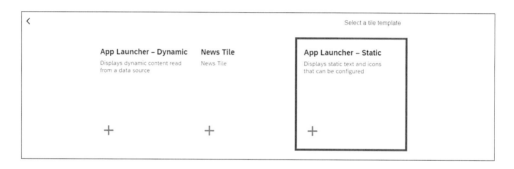

App Launcher - Dynamic은 타일에 KPI 숫자값을 표현할 때 사용하며, News Tile은 2X1 형태의 Rolling이 가능한 Tile입니다.

Tile 관련 정보를 입력합니다.

☑ **Title:** Tile의 제목입니다. 필요에 따라 Target Mapping의 제목과는 다르게 입력될 수 있습니다.

☑ **Subtitle:** Tile의 부제목입니다. Title 하단에 작은 글씨로 표시됩니다.

☑ **Icon:** Tile 좌측 중간에 표시되는 Icon입니다. 설정 가능한 Icon은 이 책 마지막의 「부록 - 유용한 사이트」에서 Icon Explorer를 참조하세요.

☑ **Information:** Tile 하단에 표시되는 추가 정보입니다.

☑ **Semantic Object:** Target Mapping에서 지정한 Semantic Object입니다.

☑ **Action:** Target Mapping에서 지정한 Action입니다.

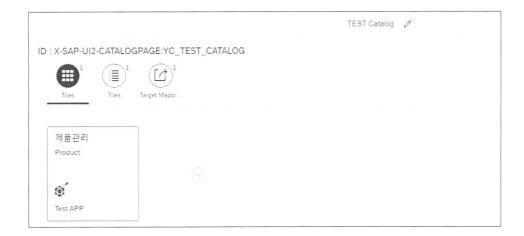

- Tile Group 생성

Catalog에서 생성된 Tile을 그룹별로 묶어주는 기능입니다. SAP Area Menu와 비슷합니다. Launchpad Designer 좌측 상단의 "Groups" 버튼을 클릭 후 좌측 하단의 + 버튼을 눌러 신규 Group을 생성합니다.

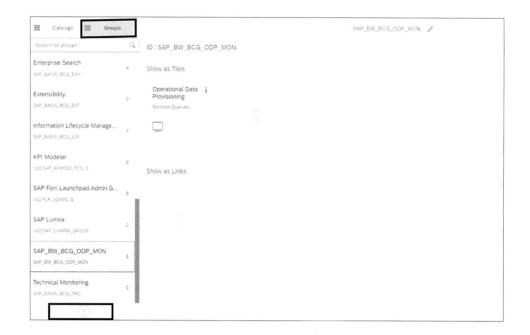

☑ **Title:** Group의 제목입니다. 이후 Fiori Launchpad에 Tab Control 형태로 출력되게 됩니다.

☑ **Tile Group:** 사용자들이 각자 개인화하여 관리할 수 있습니다. Group personalization의 체크를 풀면 사용자들이 임의로 Group을 수정할 수 없게 관리할 수 있습니다.

Group에 빈 Tile 버튼을 클릭해서 Catalog에서 생성한 Tile을 Group에 등록합니다.

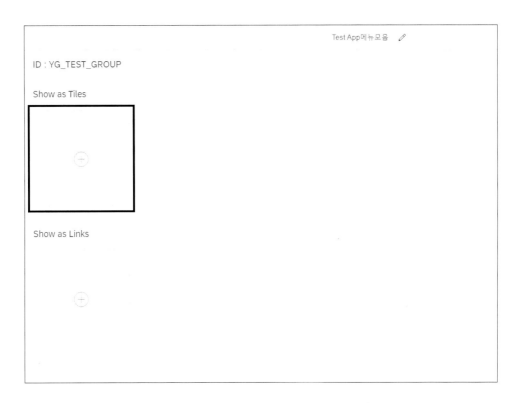

☑ **Show as Tiles:** Tile 형태로 출력합니다.

☑ **Show as Links:** 단순 Text만 출력해서 클릭 시 화면을 이동하는 Link 형태로 출력합니다.

\+ 버튼을 클릭하여 이전에 등록한 Catalog를 찾아 Tile을 추가합니다.

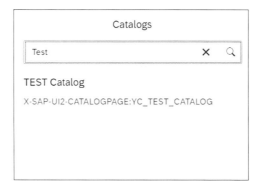

▶ SAP Role 생성

권한 관리를 위해 생성한 Tile Catalog와 Group을 SAP Role에 Assign합니다.
Tcode PFCG를 실행합니다. Role ID를 입력하고 Single Role로 생성합니다(기존에 사용 중인 Role에 Assign해도 됩니다).

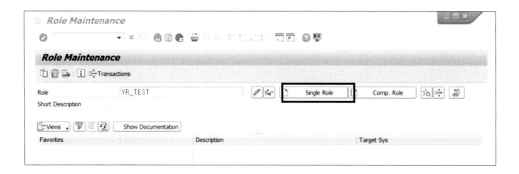

Tile Catalog를 추가합니다. Transaction 버튼의 우측 하단 작은 세모를 클릭하여 메뉴를 출력하고 SAP Fiori Tile Catalog를 선택합니다.

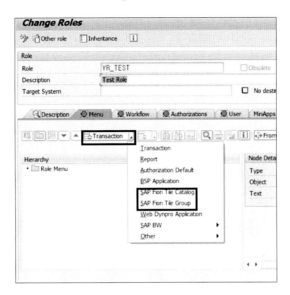

앞서 생성한 Tile Catalog의 ID를 입력하고 저장합니다.

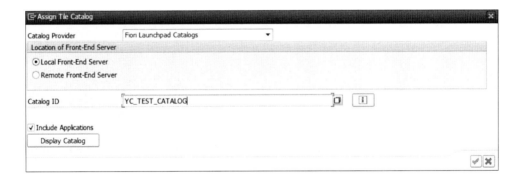

동일한 방식으로 "SAP Fiori Tile Group"도 추가합니다.

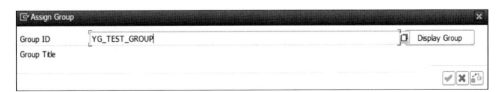

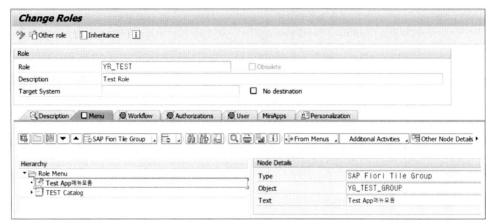

Role에 Catalog와 Group이 Assign되었습니다.

Role에 사용자를 Assign합니다.

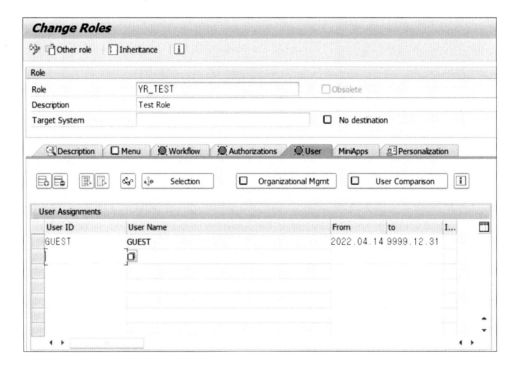

Fiori Launchpad에 접속해서 Tile이 정상 등록되었는지 확인합니다.

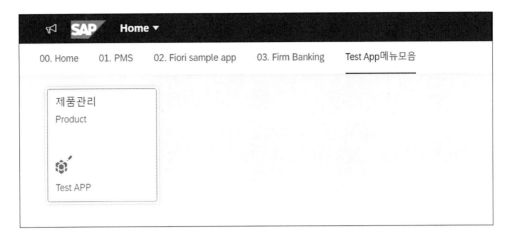

Tile을 클릭하여 Fiori App을 실행해봅니다. 실행된 Fiori App의 URI를 보면 # 구분자 뒤에 Semantic Object-Action 형태로 URI가 생성된 것을 확인할 수 있습니다.

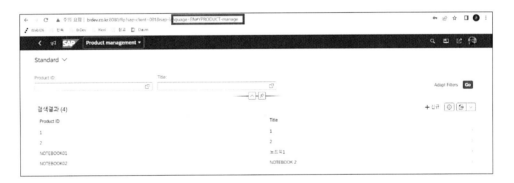

권한이 없는 Semantic Object-Action에 접근하면 아래와 같은 메시지가 출력됩니다 (사용자의 Role을 삭제하고 Test해봅니다).

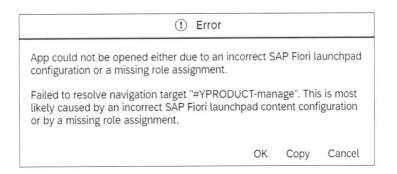

▶ Fiori launchpad 기본 사용 방법

Fiori Launchpad에 접속하면 사용자에게 부여된 권한에 따라 Tile Group과 소속된 Tile이 출력됩니다.

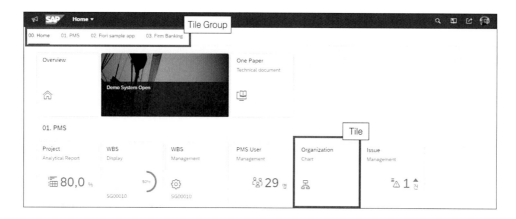

우측 상단의 사용자 아이콘 → Settings를 클릭하면 사용자별로 Fiori Launchpad를 설정할 수 있습니다.

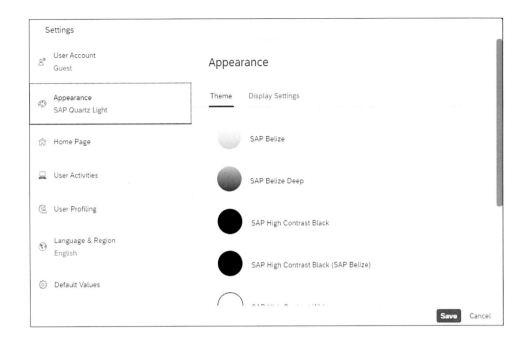

- Appearance

Theme를 지정할 수 있습니다. 필요에 따라 Theme designer(Tcode /UI5/THEME_DESIGNER)에서 Theme를 생성하여 사용할 수 있습니다.

- Home Page

Launchpad에서 Tile들을 출력할 때 전체 Tile을 한 화면에 출력할지, Tile Group 단위로 한 번에 한 Group에 속한 Tile들만 출력할지 지정할 수 있습니다. 한 번에 하나의 Group만 출력하는 것이 속도 향상에 도움이 됩니다.

- Default Values

Fiori Launchpad에서 사용할 기본값을 지정할 수 있습니다. ERP 시스템에서 사용하는 Company Code, Sales Organization, Sales Office, Plant 등이 포함될 수 있습니다. Default Value로 설정된 값은 이후 Fiori App에서 기본 검색 조건 등으로 자동 Assign됩니다.

사용자가 Tile Group을 개인화하여 사용할 수 있습니다. 우측 상단의 사용자 아이콘 → Edit Home Page를 클릭합니다.

사용자는 권한이 부여된 Tile Catalog에서 필요한 Tile을 찾아 My Home Tile Group(즐겨찾기)에 추가할 수 있고, 필요에 따라 Add Group 버튼을 클릭하여 Tile Group을 생성할 수 있습니다. 여기서 생성하는 Tile Group은 개별 사용자에게만 종속되며 다른 사용자에게는 영향이 없습니다.

Launchpad Designer(/UI2/FLPD_CONF)에서 생성한 Tile Group이 개인화가 가능하게 설정된 경우에만 수정이 가능하며 이렇게 개인이 Tile Group을 수정할 경우 Launchpad Designer에서 설정을 변경하여도 개인에게는 반영되지 않습니다(예를 들어 Tile을 신규로 추가해도 Tile Group을 개인화하여 수정한 사용자에게는 해당 Tile이 보이지 않습니다). 사용자는 Reset 버튼을 클릭하여 해당 Tile Group을 Launchpad Designer의 설정값으로 초기화할 수 있습니다.

SAP는 Tile Catalog를 SAP Role에 Assign하여 Fiori App에 대한 실행 권한을 통제합니다. Tile Group은 단순한 메뉴 기능일 뿐이며 모든 권한은 Catalog가 가집니다. Tile Catalog는 다시 Technical Catalog와 Business Catalog로 구분됩니다.

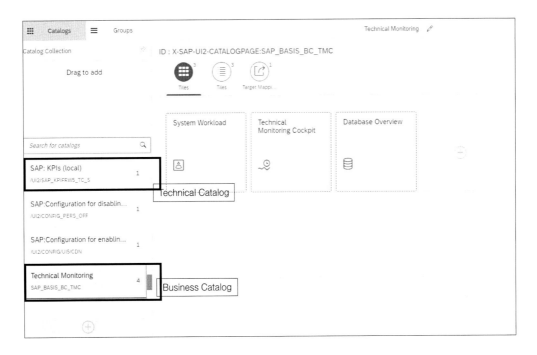

이미 생성되어 있는 SAP Catalog를 보면 Catalog id에 TC가 들어가는 Technical Catalog와 BC가 들어가는 Business Catalog를 확인해볼 수 있습니다.

SAP S/4HANA 2020(with SAP_UI 755 SP01 and SAP Fiori Front-End Server 2020 for SAP S/4HANA)에서 Firoi Launchpad App Manager를 새로 출시하기 전까지 Fiori App Launcher Tile을 관리하는 툴은 사실상 Launchpad Designer뿐이었습니다. 관리자는 Launchpad Designer에서 TC와 BC를 논리적으로 구분하여 관리할 수 있었지만 기술적으로는 모두 동일한 Catalog였습니다.

S/4HANA의 버전이 올라가면서 SAP Fiori Launchpad App Manager(Tcode /UI2/
FLPAM)와 Launchpad Content Manager(Tcode /UI2/FLPCM_CONF) 같은 툴이 새로 출시
되었고 이제는 TC와 BC를 명확히 구분하여 관리할 수 있게 되었습니다.

웹 브라우저에서 실행되는 *SAP Fiori Launchpad App Manager*

SAP GUI에서 실행되는 Launchpad Content Manager

　　Fiori Launchpad App Manager에서는 TC를 생성하여 Fiori App Descriptor(Target
Mapping + Tile)를 등록하고 Launchpad Content Manager에서는 생성된 TC의 Fiori
App Descriptor를 Reference하여 Business Catalog를 생성할 수 있습니다.

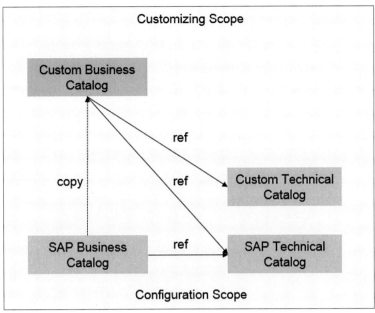

help.sap.com에서 설명된 Catalog 관리 구조

Fiori Launchpad 관리자는 기능별로 TC를 생성하여 Fiori App Descriptor를 등록한 다음 업무단위로 BC를 만듭니다. TC를 직접 사용자 Role에 할당하는 것이 아니라 업무 단위로 생성한 BC를 사용자 Role에 할당함으로써 좀 더 유연하게 권한 관리를 할 수 있게 됩니다(BC가 Single Role에 assign되고 Single Role들이 다시 Composite Role로 합쳐저 사용자 에게 Assign되면 좀 더 체계적으로 관리할 수 있습니다). SAP Standard TC의 Fiori App Descriptor도 CBO BC에 Reference함으로써 권한을 부여할 수 있습니다.

SAP Fiori Launchpad App Manager에서 생성한 Catalog는 Launchpad Designer에 서 수정할 수 없습니다.

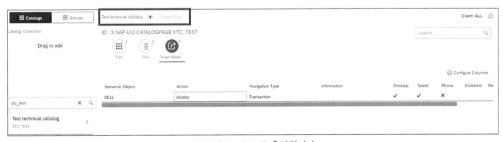

Read Only 모드로 출력됩니다.

반대로 Launchpad Designer에서 생성한 Catalog는 SAP Fiori Launchpad App Manager에 조회도 되지 않습니다. 향후 TC는 SAP Fiori Launchpad App Manager에서만 관리하려 하는 게 아닌가 싶습니다(SAP Fiori Launchpad App Manager는 SAP_BASIS 755이상에서만 제공됩니다).

Launchpad Content Manager에서 생성한 BC는 Launchpad Designer에서 수정이 가능합니다. 하지만 Launchpad Designer에서 생성한 Catalog는 Launchpad Content Manager에서 수정할 수 없습니다.

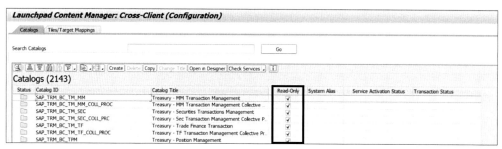

Read Only로 표시됩니다.

Fiori Launchpad의 Catalog를 관리하는 툴이 새로 출시되면서 오히려 좀 더 복잡해진 느낌이 있습니다. 하지만 Fiori가 버전업을 하면서 발생하는 과도기적인 현상일 뿐이라고 생각합니다. 과거에 사용하던 Overview of Launchpads(Tcode LPD_CUST) 같은 툴을 더 이상 사용하지 않는 것처럼 Catalog 관리 툴도 정리가 되지 않을까 싶습니다.

맺음말

    SAP Fiori와 OData에 대해 모두 다루지 못한 것에 대한 아쉬움이 있습니다. Fiori Element 중 Overview Page나 Analytical List Page, Object Page에 대해서 말씀드리지 못했고, Card Explorer나 KPI Modeler 등 SAP Fiori가 제공하는 데이터 분석 툴에 대한 이야기도 하지 못했습니다. 특히 Enterprise Search나 Notice, Easy Access Menu, Default Value 등 Fiori Launchpad가 가지고 있는 편리하고도 강력한 기능들에 대해서 좀 더 설명했으면 좋았을 것 같다는 생각이 듭니다.

    OData Service를 생성할 때 CDS View auto exposure를 사용하는 방법도 있습니다. 이렇게 되면 CDS View의 Annotation만으로도 SAPUI5나 ABAP 프로그래밍 없이 Fiori Element나 KPI Modeler 등의 기능을 모두 사용할 수 있습니다. 고객들이 많은 관심을 보이는 기능이나 이런 부분도 언급하지 못했습니다.

    시간적 제약이나 시스템적 제약이 있어 이번에는 설명드리지 못했지만 기회가 된다면 관련 내용들을 정리해서 공유하고 싶습니다. 책에서 설명한 Fiori App Template 외에 여러 App 개발 Template도 개발자들과 함께 공유하면 좋을 것 같습니다.

    제 개인 Fiori Demo 사이트(http://www.brdev.co.kr:8080/flp)에서 좀 더 많은 지식을 공유할 수 있도록 노력하겠습니다.

유균

부록

🔍 유용한 사이트

🖱 Fiori App Library
https://fioriappslibrary.hana.ondemand.com/sap/fix/externalViewer/

🖱 Fiori Design Guidelines
https://experience.sap.com/fiori-design/

🖱 Fiori Launchpad Help Portal
https://help.sap.com/docs/SAP_FIORI_LAUNCHPAD?locale=en-US

🖱 SAPUI5 SDK
https://sapui5.hana.ondemand.com/

🖱 SAP Development Tools
https://tools.hana.ondemand.com/#sapui5

🖱 SAPUI5 Icon Explorer
https://sapui5.hana.ondemand.com/test-resources/sap/m/demokit/iconExplorer/webapp/index.html

🖱 SAPUI5 Build
https://www.build.me/

🖱 ABAP Programming Model for SAP Fiori
https://help.sap.com/docs/SAP_NETWEAVER_AS_ABAP_752/cc0c305d2fab47bd808adcad3ca7ee9d/3b77569ca8ee4226bdab4fcebd6f6ea6.html?locale=en-US

🖱 Fiori Demo
http://www.brdev.co.kr:8080/flp